修身是行稳致远的根基

家国是成就功业的归宿

给孩子讲《大学》

认知与格局

郭继承 著

南方日报出版社
中国·广州

图书在版编目（CIP）数据

给孩子讲《大学》. 2, 认知与格局 / 郭继承著. -- 广州：南方日报出版社, 2025. 1. -- ISBN 978-7-5491-2911-9

Ⅰ. B222.1-49

中国国家版本馆CIP数据核字第2024S8X706号

GEI HAIZI JIANG《DAXUE》:RENZHI YU GEJU
给孩子讲《大学》：认知与格局

作　　者：	郭继承
出版发行：	南方日报出版社
地　　址：	广州市广州大道中289号
出 版 人：	周山丹
出版统筹：	刘志一
责任编辑：	陈　宇
特约编辑：	宋卓颖　杨中秋
封面设计：	黄　俊　孙思瑶
内页插图：	万可欣
责任校对：	阮昌汉　符文达
责任技编：	王　兰
经　　销：	全国新华书店
印　　刷：	固安兰星球彩色印刷有限公司
成品尺寸：	145mm×210mm
印　　张：	7
字　　数：	101千字
版　　次：	2025年1月第1版
印　　次：	2025年1月第1次印刷
统一定价：	90.00元（全二册）

投稿热线：（020）87360640　　读者热线：（020）87363865

发现印装质量问题，影响阅读，请与承印厂联系调换。

目录

第三讲

提升认知，从认识自己开始·001

引　言　一个人的天性·003

第一章　为什么要认识自己·009
　　1. 认识自己的重要性·011
　　2. 每个人都是独一无二的·016
　　3. 每个人都有自己的使命·023
　　4. 认识自己是人生的永恒主题·031

第二章　认识自己的方法·037
　　1. 倾听感受真实的内心·039
　　2. 在实践中总结和反思·043
　　3. 找到真正的兴趣·046
　　4. 找到自己的长处·049

5. 找到自己的短板·052

第三章　做更好的自己·057
　　1. 确定人生的方向·059
　　2. 终生使命与阶段目标的统一·062
　　3. 奋斗拼搏成就人生·070
　　4. 健全人格与健康身心·076
　　5. 警惕人性的弱点·081

结　语　认识自己，优化自己，提升自己·093

第四讲

格局有多大，人生就有多大·095

引 言　中华民族的格局·097

第一章　大格局的重要性·105
　　1. 格局决定结局·107
　　2. 心量决定事业成就·118
　　3. 格局影响幸福指数·125
　　4. 格局决定能否成才·128

第二章　影响格局的因素·145
　　1. 先天的禀赋·147
　　2. 后天的努力·151
　　3. 阅读的内容·157
　　4. 生长的环境·164

第三章　如何开启大格局·175
　　1. 言传身教·177
　　2. 多读好书·182
　　3. 见贤思齐·188
　　4. 付诸实践·192

结　语　大时代需要大格局·199

附　　《礼记·大学》译文·203

第三讲

提升认知,从认识自己开始

引言

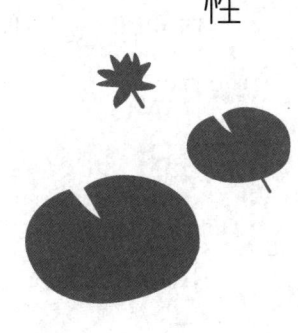

一个人的天性

朋友们，这一讲特别重要，围绕着一个问题，就是认识自己。

认识自己 vs "人的天性"

古希腊有一个特别了不起的哲学家，他的地位相当于孔子在中国哲学中的地位，他的名字叫苏格拉底。几千年前，古希腊奥林匹斯山上的德尔斐神殿里有一块石碑，上面写着"认识你自己"。苏格拉底将其作为自己哲学原则的宣言。苏格拉底认为，认识自己就是认识心灵的内在原则,亦即认识德性。这里的"德性"原指事物的特性、品格、特长、功能,具体到人就是"人的本性"。"善"是自然万物的内在原因和目的,具体到人身上,就是德性。

《中庸》说:"天命之谓性,率性之谓道,修道之谓教。"人的自然禀赋叫作"性",顺着本性行事叫作"道",按照"道"的原则修养叫作"教"。

"人的天性"vs 教育的目的

"天命之谓性"就是说,上天赋予每一个人以天性,不管张三李四,每个人的天性是本来就有的,是上天赋予的。上天本来就赋予每一个人的,每个人天生都有的这个东西,就是《大学》讲的明德,《孟子》讲的良知。可是,那个明德、良知,很多时候是被各种杂七杂八的东西给污染了,怎么办呢?

所以下一句话,"率性之谓道"。中国文化中,"得道圣仙""得道高人"的说法,形容很有修为的人。《中庸》

给孩子讲《大学》

里的"率性之谓道",一个人只有擦去心性上的污染,找到心中的明德和良知,依循本性而行,才叫"得道"。

第三句话,"修道之谓教"。什么是教育?教你开车技术,教你几个单词,教你计算公式,那不是教育。在中国文化中,真正的教育是修道。什么是修道?就是找到我们心中的那份良知,找到我们心中的那份明德,找到我们心中至善纯美的天性。

所以,我们今天对教育的理解应该纠正一下,更重要的教育是教我们怎么做一个堂堂正正大写的人。如果怎么做一个人这方面丢了,这个教育一定是失败的。

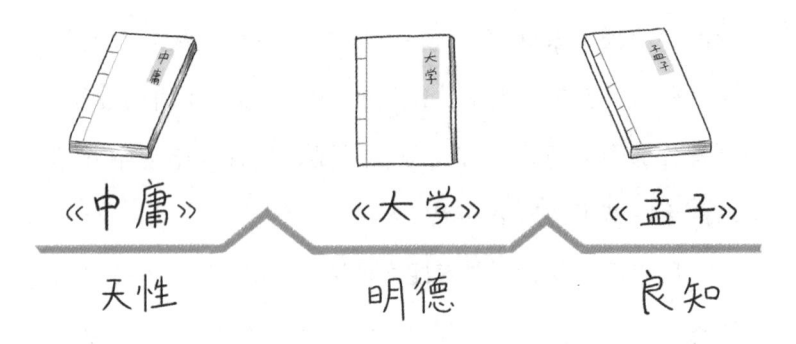

《中庸》	《大学》	《孟子》
天性	明德	良知

天性达到理想状态的意义

这里《中庸》的智慧就出来了。《中庸》讲的不是四平八稳的一个标准,而是一种状态。一个人去掉了自己内心中的杂质,找到了至善纯美的天性,按照至善纯美的天性去思考、去行为,那个状态就是中庸。你具备这个状态以后,到任何一个场合,该做什么,该说什么,不该做什么,不该说什么,心中自有分寸。所以,中庸绝对不是一个标准,而是指一个非常智慧、通达的状态,是一个人去掉了心中所有的杂质,把至善纯美的天性修出来之后,而呈现出来的那种状态,从容中道,自然而然。

中庸不是具体的标准,我们面对万千的事物,面对万千的众生,每一个人、每一件事都不一样,面对不同的人、不同的事,在不同的场合,该怎么做、该怎么说,只要你具备了至善纯美的天性与智慧,你总是能够把分寸拿捏好,把度拿捏好,这就是中庸的含义。这便是《中庸》给世俗之人指出的成功之道。也就是说,我们要想获得人生的成功,必须认清自己的"天命"和"个性",

从自己的兴趣爱好出发，完善自己的性格，提高自己的能力，在此基础上发挥出自己的无限潜能而有所作为、建功立业。

很多人这一生磕磕绊绊、跌跌撞撞，过得不快乐，不成功，很重要的一个原因，是不知道自己应该吃哪碗饭，不知道自己是谁。所以通过怎么认识自己的这一堂课，把这个问题认识清楚以后，就能够结合自己的实际，走一条属于自己的康庄大道。

第一章 为什么要认识自己

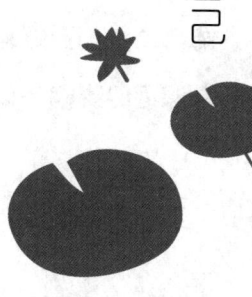

"天生我材必有用。"每个人都是独特的存在，都有独特的价值。因此，认识自己，找到生命的价值和使命，对于个人成长和发展至关重要，它不仅能帮助我们更好地了解自己，还能为我们的生活带来深远的影响，让我们在天地间活得熠熠生辉。

1

认识自己的重要性

人一辈子该怎么活？这是人生的第一大问题。大家扪心自问，我们活着到底是为了什么？恐怕不是为了吃饭而活着，也不是为了工作赚几个钱而活着。人生的第一个大问题如果不解决，就会浑浑噩噩，说得再重一点，就会如同行尸走肉一般。

给孩子讲《大学》

一个学者的悲剧

我们首先从一个学者的悲剧说起。我们把这个人的名字隐去。他在2000年前后读博士。那个时候博士生很少。他的研究方向是当时整个法学学科里最前沿的。博士毕业以后他到某大学教书，崭露头角，发表了相当多的文章，很快就成为这个方向的领军人物。在某一个学科成为全国学界的佼佼者和翘楚，是很不容易的，他在30岁出头就达到了这个地位。声名鹊起后，学界地位比较高，他就从政了，曾担任省部级职务。但这个时候，他被纪委立案调查，后来被判了18年有期徒刑。

总结他的经历，如果他这一生不从政，不贪恋权力带来的光环，老老实实地做个学者，在学界某一个学科可能会成为一个响当当的受人尊重的领军人物。可惜他从学界转到政界，掌握权力之后，有人就拿着钱和他的权力做交换，也就是权钱交易。他利用自己的权力跟有钱的人做交换，将几千万的金钱中饱私囊，最终结果是东窗事发。这还是他通过卖房子等把钱还回去了，不然判的刑期绝不止18年。

同学们，做一个顶级的学者不好吗？可惜一切只有假设，因为他已经锒铛入狱。人这一辈子一旦走错了路，做了自己不该做的选择，不仅是个人和家庭的损失，也是国家的损失。所以通过这个学者的悲剧来看我们自己，任何一个人都应该下大功夫认识自己、了解自己、感悟自己，然后在这个基础上，走属于自己的正确的人生道路。

认识自己这个问题，在中国的很多经典里边都讲过。具体到四书五经的《大学》，讲的就是格物致知。

格物致知最重要的是人

《大学》有八条目：格物、致知、诚意、正心、修身、齐家、治国、平天下。八条目首先从格物致知开始。什么叫格物致知呢？我们有必要去探究一下。在整个《大学》里，对格物致知没有深究。后来中西方的学者对比有两种认识观点。

一种观点认为"格物"是一个人在和外界的事物打

给孩子讲《大学》

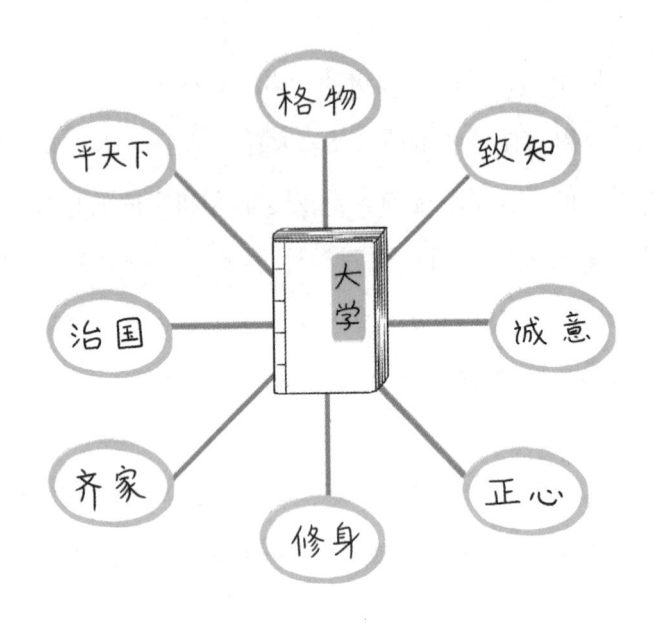

（图：大学——格物、致知、诚意、正心、修身、齐家、治国、平天下）

交道的时候，要克服心中升起的贪欲。也就是克服心中的欲望，从而证悟良知。另外一种观点，就是朱熹的看法，认为格物其实就是探究万事万物之理。

朋友们，我们生活的这个宇宙，万事万物都有道理。比如研究物质最一般的运动规律和物质基本结构的学科，就是物理学；探索生命现象和生命活动规律的科学，那就是生物学；在原子层次上研究物质的组成、结构、性质及变化规律的自然科学，是化学；研究动物形态、分类、生理、行为等生命现象及其规律的科学，那就是动物学；研究我们脚底下的地球及其演变的自然科学，是地质学；仰望星空，研究宇宙间天体的学科，就是天文学。

所以我赞成格物的过程就是探究万事万物的道理、规律的过程。而万事万物之中最重要的是谁？是人、是你、我。认识我们人类自己，认识我们每一个鲜活的人，就变得非常重要。

给孩子讲《大学》

2

每个人都是独一无二的

世界上没有相同的两片叶子，也从来没有相同的两个人。我们每个人生活在天地宇宙之间，一定有专属于自己的特质，一定有专属于自己的闪光点。

专属于自己的闪光点

拿我自己来说，音乐方面没有才能，绘画方面没有才能，写字写得也不是很好。而我身边的人有的画画特别好，有的唱歌特别好，有的写字艺术水平特别高。但是我有我的特质，比如我喜欢哲学。读哲学书的时候，别人都觉得枯燥无味，而我却觉得畅快淋漓，内心里边有被舒展开去吸纳的那份自在。为什么？哲学书适合我。而有的人特别适合学天文学，有的人特别适合学经济学，等等，不一而足。

所以说，每一个人一定有适合他的独特的存在，有他这一生最闪光的地方。所以有的孩子学习好一点，有的孩子学习不太好，不要因为一时的学习不好而难过，你一定有属于自己的不可替代的闪光点。

一个真正懂教育的校长

我认识一个做教育的大学校长。他的学生都是高考成绩很不好的，一两百分、两三百分的那种。但是我到他的学校去参观，发现他把很多这样分数不高的孩子培养成了人才。我好奇地问他："你这的学生都是高考一两百分、两三百分的，人家北大清华都是六七百分的，

给孩子讲《大学》

我们政法大学也是六百多分的,你是怎样把一两百分、两三百分的学生培养成人才的?你有什么好办法?"

这个校长告诉我,第一步就是激起学生的自信。看高考成绩,别人考六百分,这些学生考一百分、两百分,但是他们滑板、唱歌、跳街舞、打游戏都很擅长。他们的游戏不是平常孩子们玩的那种打打杀杀的电子游戏,

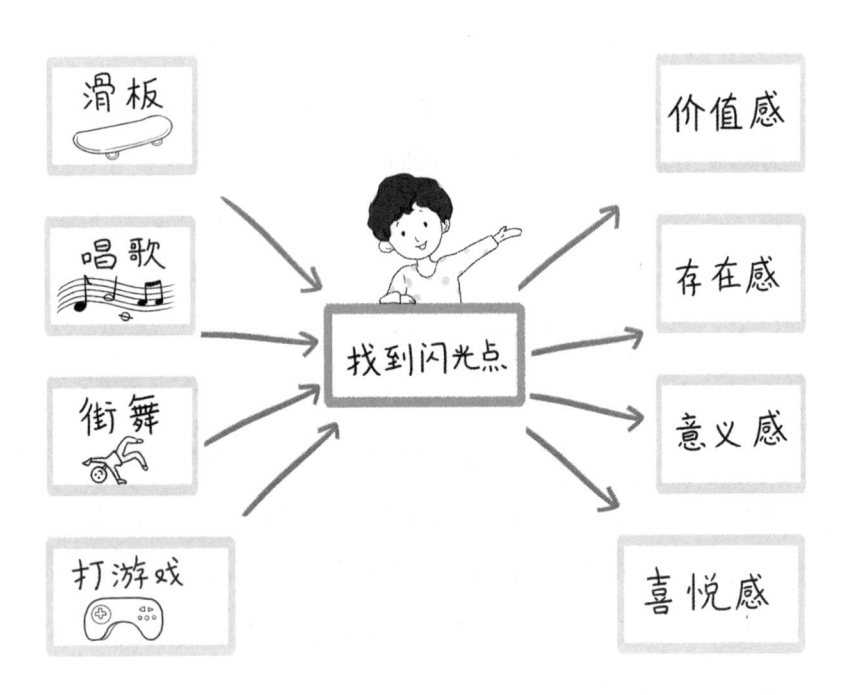

滑板 → 找到闪光点 → 价值感

唱歌 → 找到闪光点 → 存在感

街舞 → 找到闪光点 → 意义感

打游戏 → 找到闪光点 → 喜悦感

而是象棋、围棋等等。校长就在这方面下功夫，在学校里面组织各种活动，寻找每个孩子的一个闪光点。这些孩子很奇怪，一旦找到闪光点以后，价值感、存在感、意义感，以及在同学面前得到仰慕和尊重的喜悦感，全来了。有了这种自信以后，再学别的东西，对他来讲有特别强大的动力。

我当时听了特别激动，对校长说："我给你点赞，你是一个真正懂教育的校长。"

天之生物，必因其材而笃焉

每个人都有自己独特的存在和价值。请看《中庸》里的话，"天之生物，必因其材而笃焉。"老天生养的每一个东西、每一个人、每一个物件，都有独特的价值，这需要我们用眼睛去发现。同学们，我们出生在这个天地之间，不要管分数是七百分还是三百分，只管好好努力，我们一定有一个闪光点是别人没有的，而这个闪光点能给我们带来尊严，带来荣耀，带来自信。有的时候我们的闪光点别人没有发现，比如同学没有发现，老师或者家长也没有发现，但是我们要自己发现自己的闪光点，要信心满满。

找到自己的闪光点，得到别人的尊重、仰慕、肯定，会从内心升起自信和喜悦。

老药工的故事

云南有一个老药工，没上过大学。他小的时候走在大街上，只要闻到中药店里的中药味，当归、川芎、甘草、菊花，他就特别高兴，就想到店铺里边看一看。大家有没有感觉到，这就是这个孩子的特质。有的人闻到中药味就恶心，想吐，但这个人不是。后来这个没上过大学仅初中毕业的孩子，做了中药房里管炮制药的岗位。三四百味中药怎么炮制才能去毒，才能达到它的药效，是一门绝活！这个老人家现在80岁了，也因此被江西中医药大学聘为客座教授。他说："我这一辈子不想把炮制中药的绝活带走,要把它传给后人,以造福更多的人。"

大家看到没有?这就是人家的价值。他的这个价值不比考上北大清华的人差。炮制中药的独门绝技掌握在自己手里,受尊重是一回事,还会赚很多钱,自己会过得很好。但这些都是小事,主要是能救死扶伤,造福多少人啊!

高级焊工的故事

有一个高级焊工,他也没上过大学,但是他特别擅长焊接,就是那种要戴上防止眼睛被强烈的光所刺伤的罩子的电焊焊接。后来,中国的神舟飞船航空发动机由他焊接。他经常需要在像纸一样薄的钢板上焊接,且不能把钢板刺穿。当时全国有这种焊接技术的不超过五人。当然他的地位非常高,收入也很高,一年有上百万元。考上北大、清华的人和他相比,未必就比他受尊重,比他有价值。

所以同学们，每一个人都是独特的存在，都有独特的价值。希望我们的每个孩子都自信起来。上天让每一个生命活在天地之间，一定有一个闪光点，熠熠生辉。

3

每个人都有自己的使命

认识自己第三点,我想告诉大家,每一个人都有自己的使命。

大学生的使命

我曾经给大学生讲:"你们千万不要浑浑噩噩,绝不要做行尸走肉。你们生在中国,生在这个时代,是肩负着使命来的。"有的十八九岁的大学生听了后,眼睛瞪大，说："我们只是高考考了点高分数，没想到自己还有使命。"我说："你必须想到，你在中国上千万的孩子之中脱颖而出，你来到这个世间，你是肩负着使命来的。你是有着你的初心的，你是发过愿的。"

请同学记住，你来到这个世界的时候，你是发过大愿的。你是面对天地，面对列祖列宗，面对所有空间的圣贤，发过愿的。你生在我们伟大的国家，你要为中华民族去奋斗，为我们的人民去奋斗，为伟大的祖国去奋斗，为中华文化去奋斗，切不可蹉跎人生、虚度年华。每一个人都是带着使命而来的，都有此生必须担负的责任！一定不可荒废时日，不可浑浑噩噩，不可游戏人生，更不可忘记初心。

普通人的使命

也许有人认为，我讲的这些都是大道理，一个普通老师，懂这些没有什么用。这种想法错了。

比如一所学校，里面谁不平凡？如果你们觉得校长是不平凡的，那么我问你，上学期间，给你上课的是谁？大部分情况下，都只是最普通的老师。这个老师也许不是教授，不是院长，不是主任，没有什么行政职务，可正是这个最普通的老师，他的教育和感悟或许会影响你的一生。我作为教师，面对学生的时候，了解了时代的脉搏，倾听了青年人的心声，在一线工作岗位与学生的直接接触中，经历了太多的历练和成长，这也使我不被这个社会淘汰。

比如一家医院，里面谁最重要？我们总觉得医院的院长、书记的官大，可是当一个病人来看病的时候，为他缓解病痛的只是普通的医生。对于病人来说，这个医生才是最重要的。所以，千万不要小瞧自己的平凡。作为医生，在一线工作岗位解决患者的病痛，是一个医生的尊严和价值所在。

比如在军队里，师长是大官，军长是大官，可是，这些师长、军长的名字你能记得几个？但有一个普通的战士，什么官都不是，可他却成为我们民族的符号，他叫雷锋。雷锋在最平凡的岗位上把平凡做到了极致，这就是不平凡。

像季羡林、裘法祖，他们有很多行政上的职位，但人们记住季羡林，是因为他在文化上的成就；人们记住裘法祖，因为他是个医生。每一个平凡的岗位上，都可以书写自己不平凡的人生。所以做人，不要老担心自己的平凡。多做一些推动社会进步的有益事情，就可以多一分积极向上的社会风气。人生正是在点点滴滴的平凡中成就伟大的。人生就像一根蜡烛，当全中国 14 亿人的蜡烛都点亮的时候，中华民族就有了光亮的未来。

未来中国是什么样，要看中国青年人是什么状态。每一个青年人都要担负起历史赋予的责任，扬起青春的风帆，让中国这艘大船乘风破浪。一个人也只有融入为国家奋斗的过程，人生才会更有价值。一滴水怎样才能不干涸？——汇入大海。我们每个人都是一滴水，一定要融入为人民服务的大海中，只有这样，才会获得人生的价值和奋斗的立足之地，人生才会永恒。

文艺工作者的使命

在这里，我特别说一下明星等文艺工作者的使命。青少年喜欢追星，每一个文艺工作者都应当珍视自己的使命，不要当戏子，要当艺术家。艺术家一旦成为"家"了，要通过自己的角色感染人的灵魂，塑造良好的社会风气。一个优秀的艺术作品感染千万人，一个不健康的作品也会误导千万人。一个优秀的文艺工作者首先是要给人民做事，为人民服务。

朋友们，一个人的深刻与否不在于故意说让别人听不懂的话，恰恰相反，在于用最浅显的语言说最深刻的道理。

一部优秀的文艺作品要立足当代中国现实，回应现实的挑战。有一次一个小孩给我唱歌，我说你能唱点让我听得懂的歌吗？他说他要的就是这个劲儿。这啥劲儿啊，摇头晃脑的。我客观地说，在一个多元的时代，每个年轻人都有自己喜欢的作品，可以理解，但不能都是无意义的东西，至少一部分作品要有筋骨，有道德，有温度，有力量。

娱乐重要不重要？可以娱乐，但不能总是娱乐，不能什么都娱乐。记住，一部优秀的文艺作品一定是文以载道。什么是"道"？其实就是传承和弘扬人类美好的价值追求。文化事业、文化产业的发展，要把社会效益放在首位，不能什么东西都只谈钱，要让社会效益和经济效益结合起来。不要以为一个作品有好的社会导向就不能赚钱，恰恰相反，一部真正赚大钱的作品一定是能为社会提供良好导向的。

知识分子的使命

《论语》云："君子务本，本立而道生。"知识分子的本是什么？传播优秀文化。每个人都有自己的本分，先不要说自己的素质多高，一定要做好自己的本分，清晰自己的角色定位。还有一句古语："人能弘道，非道弘人。"再伟大的文化，也要靠人弘扬，如果人不争气，这个文化再伟大都会萎缩。中华文化的儒家、道家、佛家、中医等曾经辉煌了几千年，交到我们这代人手里，一定要让它们再度辉煌起来，这是我们不可推卸的责任。

《尚书·大禹谟》中说："人心惟危，道心惟微。"人心实际上是指人性之中的消极力量，比如贪欲、狭隘、偏见、自私；道心是指人性之中的积极力量，比如良知、仁爱、慈悲。朱熹曾经将这句话称为中国文化的"心传"，它告诉我们，人性中既有消极的力量，叫人心；也有积极向上的力量，叫道心。尧、舜、禹、孔子、孟子、庄子、朱熹、王阳明等历代圣贤、思想家，都在引导人们如何护养、启迪和坚守自己的道心，如何更好地守护本心。

人类文明史上，所有的辉煌，都是在道心的指导下创造的；所有的悲剧，都和人心的膨胀有关。因此，"人心惟危，道心惟微"，高度概括了历代圣贤、智者以及中华优秀传统文化努力的方向——启发人的道心、树立正确的价值观，引导我们做对社会、对家庭、对个人都有益的人。

好的文学作品

文学作品只有启发道心,承载人类美好的价值和精神追求,才会永远被人称颂,这就是"文以载道"。载道的作品会启迪人积极向上,更加开明,更加积极,更加包容,以更加昂扬的姿态去面对生活。文学作品可以润物无声地将社会主义核心价值观内化于心,比如对真善美的追求、对假丑恶的鞭挞,对社会问题的反思、对美好生活的向往、对核心价值观的坚守。每一个知识分子在发布作品的时候都要想一想作品对国家的文化进步有没有正面意义。

总之,中华优秀传统文化都应该坚持一个方向:弘扬人性之中积极向上的力量——道心,从而引导我们做一个对社会、对人民、对家庭、对个人都有益的人。面向未来,所有文化研究者、文化传播者都应该以弘扬和传播优秀的文学、文化作品,以启发人性之中积极向上的力量,以塑造堂堂正正大写的人为责任和使命。

4

认识自己是人生的永恒主题

认识我们自己,是人生永恒的主题。认识我们自己,是分阶段的,我们要用一生的时间,去认识我们自己。

君子以自强不息

从远古的神话开始,中国人就没有把自己的命运寄托于神秘的力量,而是肯定"天行健,君子以自强不息"的价值。大禹治水、燧人钻木取火、神农氏尝百草等,都是中华民族直面人生、努力拼搏的证明。所以，中华文化从没有文字记载，仅有神话、传说的时候开始，就打上了一个烙印——强调人类自己的力量。面对问题和困难时，中华文化强调通过自己的力量去正视问题、分析问题、解决问题。

另外，中华文化把祸福归结为人类主体的觉悟、实践，认为祸福取决于人类自己的言行。比如，"积善之家，必有余庆；积不善之家，必有余殃。"代代事业发达的家庭都有一个特点，积善之家，家人的德行好，乐善好施、广结善缘，不骄奢淫逸，愿意为社会作贡献。个人的命运、人类的命运，在于人们的认知和践行。中国人格外强调人类主体的力量，反对将命运寄托在外在的神秘力量上，这体现了中华民族对人类命运问题的深刻洞察。这也是中华文化独特的魅力。

吾日三省吾身

《论语》说，"吾日三省吾身"，这就是认识自己，不断反思自己的一个过程。《道德经》有一句话叫，"知人者智，自知者明"。一个人能够把别人看得清楚，叫智；一个人把自己给透悟，叫明。明是什么？照亮自己。所以我们有一个词叫"自知之明"，讲的是认知，认识自己。我们平时说某某人是个"明白人"，并不是说他能把别人看清楚，而是指他能把自己看清楚，才是一个真正的明白人。所以我们要反观自己的人生，时时地反省自己，时时地完善自己，止于至善。这是我们一生的功课。

朝闻道，夕死可矣

什么是中国人的最高价值追求？

孔子说："朝闻道，夕死可矣。"在孔子的价值序列中，他的最高追求是"求道"。也就是说，在中华民族的精神世界里面，道的价值比生命都重要，更不用说物质利益。道就是真理，求道就是追求真理。孔子说："士志于道，而耻恶衣恶食者，未足与议也"，"志士仁人，无求生以害仁，有杀身以成仁"，志士仁人愿意以自己的生命去践行道。孟子说："生，亦我所欲也；义，亦我所欲也。二者不可得兼，舍生而取义者也。"在孟子的人生序列里，道义仍然是最高的价值追求。

在中华民族的精神世界中，求道、悟道、践行道是一个人最高的精神追求和价值追求。在道和个人生命的关系上，甚至可以以身殉道，这是中华民族历经磨难而不断奋起的内在精神力量。

命自我立，福自己求

许多民族的文化认为，有一个造物主来拯救人类。中国文化不这么认为，中国人认为，人类自己拯救人类。这也符合孔子的一句话，叫"敬鬼神而远之"。

敬是什么意思？就是对我们不知道的东西要敬畏。我们对社会、对大自然、对未知的东西要敬畏。人有了敬畏之心，才有底线，才有操守，才知道有所为，有所不为。这就是孔子说的敬鬼神意义。什么叫远之？

就是不要盲目崇拜而迷失自己的道路。人类的救赎到底靠谁？靠人类自己。

用孔子的话，自强不息，做一个堂堂正正的人，奉公守法的人，君子务本的人。做好自己才是根本的解决之路。所以，为什么要远之？就是中国文化的八个字："命自我立，福自己求"。中国文化实际上写的是"大写的人"，是要为自己生命负责的人。谁来救你？自己来救自己。所以要提高境界，拓展智慧，完整人格，然后净化心灵，在为国家、为社会服务的过程中，使自己的生命得到提升，皆大欢喜。

格物致知过程中，一个很重要的任务，就是认识我们自己，了解我们自己。我们每一个人都有一个闪光点，要通过一种方法把它找到，在天地之间活得舒心舒展，活出自己生命的价值，活得熠熠生辉，受人尊重。同学们一定要有自信。

第二章 认识自己的方法

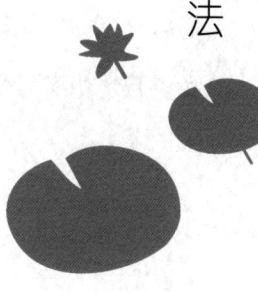

给孩子讲《大学》

认识自己，找到生命的价值和使命，对于个人成长和发展如此重要，我们要用一生的时间，去认识我们自己。那么，认识自己，有什么具体的方法呢？这里，我讲五个切实可行的方法，帮助大家更好地认识自己。

1

倾听感受真实的内心

第一个方法是，要倾听和感受内心最真实的状态。记住，这是认识我们自己的一个很重要的方法。朋友们，我们内心里最真实的状态，就是真实的自己。我们不是讲自知之明嘛，认识自己，要倾听内心里边最真实的感受。

如保赤子，心诚求之

《大学》中有一句话，《康诰》曰："如保赤子，心诚求之，虽不中，不远矣"。什么意思？如果一个人带着至诚之心去思考一个问题，不敢说能得到绝对的真理，但是基本上不会错太多。同学们，我们一定要保持赤子之心，真诚地面对自己，不能自欺欺人。比如我自己，我经常对大家说，我是一个很普通的人。因为我曾听过我内心的声音，我了解我自己。

当然有的人，他本来是个普通人，但他非得装成圣人，装成英雄，端着架子，喜欢被人吹捧，接受别人的膜拜。这种人实际上是很虚伪的，因为违背了一个真实的自己。自己活得也很累，别人也累。如果哪一天别人发现你盛名之下，其实难副，害人害己。所以，认识真实的自己的一个方法，就是要倾听和感受内心最真实的状态，不能自欺，更不能欺人。

诚其意者，毋自欺也

《大学》里讲，"所谓诚其意者，毋自欺也"。什么叫诚意？格物致知、诚意正心的诚意，就是毋自欺，不要自欺欺人，其实就是面对内心里边真实的状态。什么是内心里的真实状态？如果是来自外部的诱导，为了装出某种样子得到别人的尊重而欺骗别人，那个不是内心真实的状态，不可靠。一个人如果找到了真正感兴趣的方向，一生都不懈怠，而不是一时的兴起，也不是外部的诱导，这个才是内心真实的感受。这一点特别重要，这叫找到了真实的自己。

公务员 vs 科学家

比如有一个孩子，他不喜欢做公务员，他想做科学家。但是家里人特别希望他当公务员，大学毕业后给他找了个公务员实习岗位。他在这个岗位上很难受，特别不适应。这就是他真实的状态。但他的爸爸妈妈老说当官多好，当公务员多好，使这个孩子为了迎合父母，装出一副内心很喜悦的样子，自欺欺人，结果工作也干得不好，憋屈了一辈子，不值得，真不如当初努力去做一个科学家。

所以说，认识自己的第一个方法是，要倾听和感受内心里真实的状态，不是一时的兴起，不是来自外部的诱导，才真实可靠。

2

在实践中总结和反思

第二个方法就是，一定在实践中总结和反思。有一个学生问我："老师我的长处是什么？你能不能帮我分析分析？"我明确地告诉他："我不能，我没这个能力，我哪知道你的长处是什么？"他说："老师你整天讲课给别人指点，咋不能给我指点呢？"我说："你的长处我指点不了，但是我可以给你说个方法，你去实践，你去做。在生活实践、工作的过程中，哪一件事情你干起来觉得很简单，哪一个东西一学就会，或者和别人比的话，你总是学得好学得快，那个就是你的长处。它可不是嘴上说的。"

花样滑冰不简单

有一个孩子看电视,看到花样滑冰这项运动。从事花样滑冰的男孩子、女孩子身材都很好,各种动作特别漂亮。这个孩子看到后非常羡慕,就买好花样滑冰的服装、鞋等装备,急不可耐地去试着滑。你们知道结果吗?他只去了一次,就栽了几个跟头,摔得灰头土脸,第二天再也不去了。我就问他:"你怎么不去了?"他说:"对不起,我对花样滑冰毫无兴趣。"我说:"你以前看到

花样滑冰，可是眼睛烁烁放光的啊！"

所以说，他觉得花样滑冰很好，不可靠，一定得自己亲自到滑冰场里去滑，滑的过程中，是否有平衡能力、艺术感、美感，一试就试出来了。记住，所有的幻想、所有的主观以为，都是假的。只有在实践中证出来的东西，才可靠。

想干什么，去试一试

所以有的同学说："我将来想学艺术。"那你试一试就知道了，画一画唱一唱，看自己是不是那个材料。想当科学家？试一试吧。想从政？实习的时候，到政府机关里待上一个月、两个月，试一试吧。要经商？你到市场里面试一试，或者炒炒股票，结局可能就是一首歌的名字——"为什么受伤的总是我"。

所以一个人的长处、短处、特质，都要来自实践的验证。只有实践验证之后的那个答案是可靠的。你到底喜欢什么，适合什么，不要老问别人，到某一个地方实践，就能试出自己几斤几两。

3

找到真正的兴趣

第三个方法是，找到真正的兴趣。真正的兴趣，一定是发自内心喜欢的，要真诚地倾听心灵的声音。不要自欺，更不要欺人。我给大家讲讲我自己的经历。

深深地抓住你的东西

我在上高中的时候，各门功课包括数学、语文、外语、历史、地理、政治等，从开始学习成绩不好，到后来比较好，只是按部就班地学习，自己的长处到底是什么，没有怎么去想。后来一直到读研究生的时候，经常去图书馆看书。我发现一件事儿，就是好几次我走到了某一个书架，抽出其中的一本书，站在那里翻着看，也感觉不到累，一两个小时很快就过去了，我都意识不到。这意味着什么？意味着那个东西深深地抓住了我。

我究竟看的这是个什么书架？一看上面全是中国哲学、中国历史、中国思想史等书目。我当时就意识到，没有任何外部的诱导，这个东西不知不觉把我的心给抓住了，让我在这里驻足一两个小时而不知疲倦。这就是我真正的兴趣所在。后来我读博士，包括今天我讲中国哲学史、中国思想史，我从事的学科就是那个时候发现的。

所以一定要找到终生的兴趣所在。

内心畅快淋漓的事情

有一次我去出差，在飞机上遇到一个人。我当时拿了一本《西方哲学史》在看,他坐在我身边,总是用眼睛瞟我。我就主动跟他搭讪:"这位先生,你是做什么的?"他说他是清华大学电力专业毕业的,是国家电网的一个领导,此程是去给江西省的电网做技术指导。他问我看的是什么书?我就拿给他看,是《西方哲学史》。他很感慨,说他在清华大学读书的时候,也特别喜欢哲学,可是经过这几十年在社会上打拼,现在听听相声和段子还行,再读这种哲学的书已经读不下去了。所以他说:"我今天看到您还能那么专注地读哲学方面的书,让我想起了曾经在清华大学读书的日子,很感慨啊!"

我相反。看哲学的书,是我这辈子最快乐的时光之一。它让我心情舒展,内心畅快淋漓,是别的东西不能替代的。所以这就是我终生的兴趣所在。

同学们,人这一辈子啊,如果做一件自己不喜欢的事儿,在可以多元选择的今天,是痛苦的。在可以自由选择的时候,我们一定要找到终生的兴趣所在,这也是我们一生不断努力的力量支撑。

4

找到自己的长处

第四个方法是,我们要找什么样的兴趣呢?朋友们,中国有超过十四亿人口,人才济济,想要脱颖而出,有价值感、意义感,一定要找到在实践中更容易学会、更容易做好的东西。那个东西是什么?就是自己的长处。但是有的同学说自己没有什么长处。我说,这话不对。长处不是指天底下只有你会别人都不会,而是相对而言,你有自己的优势。

更适合读哲学的人

比如说喜欢哲学。同学们，喜欢哲学的人很多，但是我和大家相比，相对而言，我更喜欢，或者我更适合读哲学。不是说人家没有长处，比我优秀得多的人大有人在。但是在哲学上远不如我的人也大有人在。找一个相比较而言自己有优势的长处，就行了。你想找一个天底下独你一号的长处，别人都不会，只有你会，除非你是一个超级天才，否则的话你找一个相比较而言的长处，就很好了。

所以同学们，相比较而言，一个人总是有一点优势。找到这一点优势，就比较容易脱颖而出，你这一生就比较容易成功。

更适合做管理的人

你看我身边也有这样的例子。我有一个同事，和他在工作的相处过程中我发现，他在做管理方面相比我强得多。所以他后来从政，用老百姓的话就是当官，到现在为止，做得都很好，级别也比较高，可以在更大的岗位上为人民作贡献。原因何在呢？因为相对而言，管理是他的长处。

5

找到自己的短板

第五个认识自己的方法是，一定要找到自己的短板。朋友们，认识我们自己，不仅要找长处，还要找短板。找长处是为了找到终身从事的方向，找短板是为了取长补短，避免自己的短处。

考试的时候，补给短板

同学们，参加考试的时候，那个相对短板的学科，要多下功夫。也就是说，各科目的分数要相对均衡。比如高考，语、数、外三门课每门满分150分，你能考一百多分，另三门每门满分100分，你能考八九十分，你的总分就高。但是如果另一门课，150分满分，你只考了70分，一下子把总分拉下去了；那这门课如果你考到一百二三十分，那你就能脱颖而出了。所以要找到自己的短板，在参加考试之前补一补，你的总分就比较高。

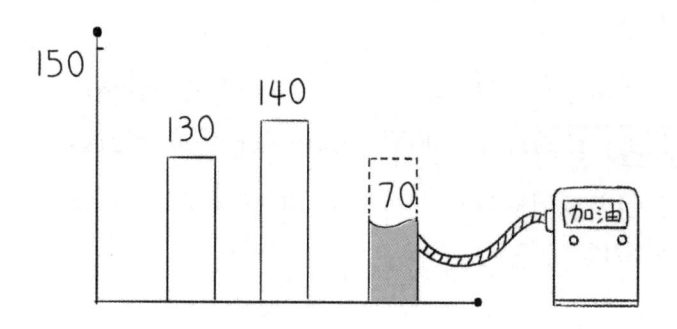

做事的时候，发挥长处

请同学们记住，在选择人生职业的时候，一定要突出自己的优势。我讲讲我身边的一个人。他在上中学的时候，写的作文就发表了，也就是说他在写作方面是有相当的天赋的。结果呢？在选择自己未来方向的时候，他非得去学理工科。我也跟他谈过，我说："你的语文比我好得多，你为什么不选文科呢？"因为当时我就选文科。他说："理科是我的短板，我不甘心，我要克服它，我要把理科当作终生的职业方向。"结果可想而知，他高考成绩一败涂地，后来又复读了文科，两年之后，才考上一个大专。

所以我要告诉大家，一个人参加考试的时候，一定要找到自己的短处，补足短板，把各科的分数均衡一下，提升总分。但是你选择职业方向的时候，一定要找到自己的优势，发挥所长。

华为的俄罗斯数学家

华为的任正非曾经讲过："我这一生就是发挥我的长处，短板就找其他人来补。"一个公司那么多人，每一个人发挥长处，这个公司就成功了。让每一个人成为圣人，什么都很完美，这是不可能的。

华为公司有一个俄罗斯小伙子，是一个天生的数学家，一个天才。但是这个人不怎么会说话，甚至女朋友都不会谈。任正非到他办公室里去，他也不懂得起身相迎，连打招呼都没有。任正非在华为里有那么高的地位，到一个员工的办公室，员工通常都特别客气。但是任正非这个人特别豁达，认为这很正常，不能求全责备。这个俄罗斯小伙子，长处就是在数学上是个天才，他把这个发挥好就够了。他不会待人接物，他其他方面表现得不够好，一定要理解，不能苛求。

同学们，我特别赞同任正非的观点。我们每一个人把一个长处利用好，其他的短处避免掉，就够了。同学们记住，选择职业的时候，一定不能把自己的短处暴露出来，那样对自己不好，对工作不好。要把自己的长处突显出来，展现出自己的成就。

第三章 做更好的自己

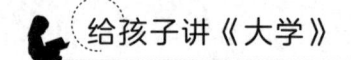

我们认识自己，目的就是找到正确的道路优化自己、提升自己，做更好的自己。因此，一定要讲究方式方法，确定人生的方向，做到终生使命与阶段目标统一，同时不忘奋斗，健全人格与身心，警惕人性的弱点，"知己知彼，百战不殆"。

1

确定人生的方向

做更好的自己，第一个方法就是，一定要确立人生的方向。一定要找到终生的兴趣，一定要找到自己的长处，一定要结合社会的需要，一定要尽可能避免短板。这四句话合在一起，就是我们的人生方向。

做管理 vs 当老师

我自己曾经在大学里做过管理。但是我真的不适合做管理，那不是我的长处，也不是我的兴趣。后来我觉得自己适合思考，适合做一名普通的老师。于是在读博士、博士后之后，我转到了老师的岗位上。我觉得做教育是我的兴趣，跟同学们分享是我的一点长处。做教育是国家的需要，是我的长处；做管理是我的短板，我就回避掉。我自己的选择也是以这四句话做依据的。

正确的人生选择

什么是正确的人生选择呢？第一，正确的选择背后一定有正确的价值观所指导。一定是为了国家和人民服务，绝对不是自私自利，坑害别人，坑害国家。我们所有的选择都是为了国家好，为了人民好，为了社会好。第二，正确的选择一定是兴趣、长处、社会需要、避免短板的有机统一。

袁隆平先生的选择

袁隆平先生曾经讲过:"让我去做官,做管理,我真的不喜欢,也不擅长。"所以袁先生这一辈子最想做的事就是水稻品种的改良,这是他的兴趣。一方面,别人都想不到的,他总是有方法,说明这个工作是他的长处。让亿万人有饭吃,是强大的社会需要。另一方面,袁隆平先生避免了自己的短板,把不擅长的管理给回避掉了。同时,袁隆平先生的工作利国利民,这是他的价值观。他的选择既符合兴趣,又发挥长处,又迎合社会需要,又避免了短板。所以综合起来,袁隆平先生做出了一个无比正确的选择,成就了他伟大的、值得我们永远尊敬的一生。

2

终生使命与阶段目标的统一

做更好的自己,第二个方法就是,一定要找到终生为之奋斗的方向(使命),与阶段性的目标有机统一。我们要想成为更好的自己,在人生的方向上有两条。第一个就是你这一辈子干什么。你一生中的使命是什么?你为什么生在中国?你为什么是个中国人?你对我们伟大的祖国、伟大的人民,承担了什么?注意,这叫终生为之奋斗的方向。这种使命感一定要有。第二个,一定要有阶段性的目标,不能空谈理想,夸夸其谈,要有可落实的步骤。

考上大学后迅速松垮的孩子

如果没有终生为之奋斗的目标，就会"人无远虑，必有近忧"。我在大学里教书，我就发现有些孩子考上大学以后就迅速松垮了。为什么？因为他只有阶段性的目标。上高中后，他的全部目标就是考大学，为此起早贪黑，兢兢业业。考上大学以后为了什么而活着，他不知道。假如他这辈子活一百岁，不知道到底为了什么而活着。这就是缺乏终生为之奋斗的目标的表现。

所以当他考上大学，达成阶段性的目标以后，接下来就是失去方向的盲目、痛苦、纠结、挣扎，不知道奋斗目标在哪里，迅速地松垮下来。对此，我们需要痛定思痛。

立志为天下第一等事

立志为天下第一等事，也是人生第一等事。所以教育最核心的是立志问题。当孩子的目标确定之后，其他的就基本上不需要家长再操心了。北宋思想家张载曾说："为天地立心，为生民立命，为往圣继绝学，为万世开太平。"有的人不好意思谈自己的理想。这有什么不好意思的？人要有追求、抱负，树立终其一生的奋斗目标，有了目标，人生的航船才有了方向，人生的行为才有了标准。所以教育孩子的第一件事就是树立理想。

"立志而圣则圣矣，立志而贤则贤矣"，一个人如果真正立了圣人之志，将来就有可能成为圣人；真正立了贤人之志，将来就有可能成为贤人。这句话从表面上似乎很好理解，其实意义非常深刻。人对自己都有很大期待，尤其是年轻人，可是年轻人怎样才能有成就？一定是在为国家谋利益，在为人民谋幸福的过程中才能成就自己，才经得起历史的检验，而不可能是在为"升官发财"上有所成就。

王阳明从小立志成圣成贤

王阳明从小就以成圣成贤作为自己毕生的追求。一次他与塾师先生讨论何为天下最要紧之事时，塾师说，天下最要紧之事当然就是认真读书，然后考科举登第了。阳明不以为然，他的回答不同凡俗，他认为"科举并非第一等要紧事"，天下最要紧的是读书做一个圣贤的人。所以说，在很小的时候，王阳明就立了成圣成贤的大志。这不仅在明代极为罕见，在整个中国历史上也屈指可数。

那如何能成圣成贤？王阳明一直在心中寻找答案。多年后在龙场悟道时，他终于有了自己的答案——"吾性自足"。王阳明有了觉悟后,他的精神状态完全不一样了,他成了自己生命的主人。在此之前,王阳明没有招收过学生,因为他觉得他说的都是圣人的话,不是他自己的话,没有把握招生。而在龙场悟道后,他自己有了思想,是证悟和智慧,这时他觉得可以收学生了。他在招生的时候对学生是有要求的,于是他写了《教条示龙场诸生》,其中就有让大家要立志这一条。

焦芽败种,大志 vs 小志

人这一生无论有多高的成就,首先要有"芽",有芽之后还要有阳光、温度、水分这些条件才行。想成大才的青年朋友,如果没有芽的话只能用一个词形容——焦芽败种。一个人没有芽,外在有再多的阳光、水分、温度,都无济于事,不可能长成参天大树。古代的圣贤在立志方面要求都极为严苛,如果立志很大,这个芽就饱含了巨大的能量,一旦破土而出,就能吸收各种能量迅速成长,从而成为一个大才。反过来讲,如果立志很小,这个芽的能量就不饱满，就有可能萎缩。

有的年轻人立志很大，把将自己奉献给国家和人民作为毕生追求，真正地去做事，不耍嘴皮子、不空谈，永远奋发有为，这是大志。有的人立志很小，其动力就会很小，难免出现无所事事、浑浑噩噩的情况，纠结、挣扎、痛苦、迷茫是其必然的状态。

"中国的未来在青年"

习近平总书记在纪念五四运动100周年大会上的讲话，不仅肯定了五四运动在中国近代史上的价值，同时也对青年人如何成才提出了明确的要求。青年人成才非常重要。毛泽东同志在20世纪50年代访问莫斯科的时候讲过："世界是你们的，也是我们的，但是归根结底是你们的。你们青年人朝气蓬勃，正在兴旺时期，好像早晨八九点钟的太阳。希望寄托在你们身上。"中国的未来在青年，青年人要有大抱负、大担当，青年强则国强，青年兴则国兴，青年朝气蓬勃则国家朝气蓬勃。但青年人如果懈怠，不思进取，人无所事事，整个国家的国运就会急速衰败。

在实现中华民族伟大复兴的道路上,一定不要忘了对青年的教育。因为青年的教育代表了未来,要把如何重视青年、教育好青年、培养好青年当作国家的永恒任务。我们只有培养出一代又一代合格的社会主义接班人,才能国运昌隆,万古长青。如果不重视青年的发展,只看当下,当历史的交接棒交给年轻人的时候,他们是不能担当伟大使命的。当面对国内外极具复杂的形势时,面对中华民族复兴路上的惊涛巨浪时,年轻的朋友能承担起让国运不断发展的历史责任吗?我们对此要有警醒。

胸无大志,夸夸其谈,都要反对

同学们,一定要找到终生为之奋斗的方向。但是,夸夸其谈,没有可落实的步骤也不行,所以一定要有阶段性的目标。一个人要想做更好的自己,这一辈子做什么,要清楚,这是终生奋斗的方向;同时,初中、高中、大学、工作最初几年做什么,三年以后做什么,要清楚,这叫阶段性的目标。

　　胸无大志，缺少终生为之奋斗的方向；夸夸其谈，没有阶段性的奋斗目标，这是人生的两个弊端。我们反对胸无大志，浑浑噩噩，缺少终生为之奋斗的方向；我们也反对夸夸其谈，空谈理想，没有实现理想的踏踏实实的、可靠的步骤。最理想的是，把终生为之奋斗的方向和每一个阶段性的目标有机统一起来。

3

奋斗拼搏成就人生

做更好的自己,第三个方法就是,奋斗成就人生。古往今来,所有的成功都来自拼搏和汗水,无一例外。

苏翊鸣不吃午饭

北京冬奥会上一战成名的苏翊鸣,只有十七岁,一贯自律。他每天七点半起床,为了中午训练的时候不困,不吃午饭。他说吃了午饭,肚子一旦有了东西,血液流到胃里，脑子会困。有人问他会不会饿，他说习惯就好。淡然的回答，背后是长久的坚持。暂且不管中午不吃饭这件事是否科学，同学们应该学习的是，一个十七岁的青年能以如此超强的自律，拿到奥运会的金牌，背后付出了常人难以想象的努力。

比起他的天赋异禀，苏翊鸣更愿意让大家看到他的努力和坚持。一个新的难度动作，他每天练六个小时，一直重复练，可能需要一个夏天才能完成这个动作。一个普通的滑雪爱好者，通常一块雪板能用一两个雪季。但对苏翊鸣而言，一块雪板仅用半个月到一个月，就磨损得不行了。他对自己最狠的时候，一周就练坏四块板子。努力，是他的制胜法宝；坚持，则是支撑他一路走过来的信条。苏翊鸣和所有冰雪健儿，在赛场上的每一次闪耀，都是热爱的结果、拼搏的结果，更是不断突破自己、超越自己的结果。

谷爱凌摔倒后暂时失忆

北京冬奥会上另一个一战成名的，是大家熟知的谷

爱凌。谷爱凌成功扬名之后，外界对于她的背景、成长都很关注。谷爱凌的家庭背景优渥，父母、爷爷奶奶都是高才生，可以说是名门之后。北京冬奥会结束之后，谷爱凌也入读名校斯坦福大学。许多网友将谷爱凌称为天才少女，而这样的光环的背后是难以想象的努力和坚持。竞技体育项目每一个能被外界熟知以及称赞的运动员，都是经历种种磨难、过五关斩六将，才能最终站上最高领奖台的，谷爱凌自然也不例外。

13 岁时，练习滑雪多年的谷爱凌终于踏上成人队赛场，参加全美锦标赛，最终夺冠。其间，在某次比赛时，谷爱凌赛前生病，浑身疼，哪怕是吃止疼药都没用，但是她最终还是坚持到比赛结束。另一次关键比赛的决赛，谷爱凌赛前发烧到40摄氏度，医生都担心她烧坏脑子，决赛时身体也没有好，滑完了就肺疼。2018年，谷爱凌在训练时从高台摔下，短暂失忆，坐在雪地里大哭，"我记不起任何事情了"。一旁妈妈的眼神里满是怜爱。

谷爱凌能够有如今的成就，自身能吃苦，对滑雪这项运动的高度持续性付出是关键原因。我们看到的是她在冠军领奖台上引起的万众欢呼，而背后其实是无数次起早贪黑甚至豁出命的拼搏奋斗。没有哪种成功是随随便便的！

孔子周游列国绝粮七日

历史上，孔子曾离开鲁国十四年，先后在多个国家宣传自己的思想。第三次到陈国（淮阳）居住期间，楚国昭王听说孔子贤良，遣使奉金币到陈国聘请其入仕。

陈国、蔡国的大夫们害怕了，因为孔子居陈期间，这些大夫们的所作所为与孔子的主张背道而驰，且对孔子不恭。如果孔子用于楚国，楚国是大国，陈国、蔡国的大夫们担心孔子说他们的坏话，于是派兵丁围困孔子，不让其离开，不给其食物。孔子一行被困七天，绝粮七日，弦歌不止。《诗经·小雅·何草不黄》中说，"匪（非）凹匪虎，率彼旷野。"这说的就是孔子在陈被困的事情。

孔子十五有志于学，五十多岁，这么大年纪，十四年间，周游列国，颠沛流离，困于陈蔡之间绝粮七日，我们这个圣贤为了成就自己，几乎把命都给丢了。

范仲淹家境贫寒喝冰粥

作为蜚声古今的政治家和文学家，范仲淹在北宋时期是安邦济世、勇于革新的能臣干吏，他不仅以拳拳报国之忠让人景仰有加，而且其发奋苦读的经历令人敬佩不已。范仲淹小时候家境贫寒，住在一个庙里，没有饭吃，每天煮两升粟米粥，冷却后用刀分成四块，早晚各取两块为食，然后将腌菜、酱菜之类切成碎末，加半杯醋、少许盐，烧熟拌粥，如此这般勉强维持生命，苦读三年。这就是范仲淹"划粥断齑"典故的由来。这个故事告诉我们，成才的不二法门就是刻苦读书学习。

范仲淹在寺庙读书，一定程度上是要靠体力的，体力很重要的来源是营养。彼时范仲淹正在长身体的年龄，急需营养补给，但他旦暮间却只有断齑稀粥为继。清苦之极，可见一斑。然而，范仲淹凭借坚强的意志，饥亦能忍，苦亦能乐，发愤读书，终成大才。

中国乃至人类历史上，所有英雄、圣贤、模范，多半是汗水和拼搏造就的，是我们学习的典范。孩子们，我想问问你，你几点起床？你为你的理想，做出了多少拼搏和奋斗？世界上所有人的辉煌，多半是在辛苦的努力和忘我的奋斗中成就的。切记这句话。

4

健全人格与健康身心

做更好的自己,第四个方法就是,一定要健全人格,健康身心。这一辈子只有健康的身心和健全的人格,才能支撑一个人波澜壮阔的人生。这一生无论有什么样的理想,想成为什么样的人,没有健康的身心和健全的人格,一切都是梦幻泡影。

那健全人格和健康身心的标准是什么呢?遇到任何处境,总能正确地处理和应对,而不是牢骚满腹、宣泄情绪,就叫有健全的人格和健康的身心。我们这一生,几乎百分之百会遇到各种事情,可能会失恋,可能会遇到挫折，可能不得不忍受平凡，可能会受到别人的不理解或者羞辱等，这都是我们的必修课。如果我们有健康的身心和健全的人格，当面临失恋、挫折、平凡、羞辱的时候，我们有能力让它成为人生的"正资产"。我们总是能够处理好各种问题，总是能够面带阳光，昂扬奋进，开拓进取。这就是人格健全、身心健康的一个重要表现。

假如正身处贫穷

我自己经历过贫穷，对那些身处贫困而勤奋努力的人，颇有感同身受的敬意。我们常讲扶贫，实际上最大的扶贫是告诉每一个身处贫困而想改变自己命运的人，如何才能真正摆脱贫困。自我的改变和超越是改变命运的根本。

一个人命运和处境的真正改变，首先在于心，在于自己的意志。如果自己没有改变命运的强大愿力，没有务必改变处境的决心，一切都无从谈起。至于讲一讲自己苦难的故事，博得一些同情的泪水和暂时的捐助，都不能真正改变命运。很简单的道理，任何外在的帮助，都是无源之水，都会随着时间的流逝而枯竭，只有自己有坚定的愿望和毅力去改变自己，才能真正让自己改观。

其次，贫困的人要警惕一个弊端，就是人穷志短。相反，贫穷的人才要有大丈夫的气概，才要有布施天下的心量。很简单的道理，正因为自己经历了贫困，知道很多人生活得不容易，对苦难感同身受，所以更要以"己所不欲勿施于人"的决心，不仅发展自己，更要兼济天下，力争让更多的人改变命运，生活得更好。反过来，很多富家子弟，乐善好施者很多，但也有不识人间的辛苦，从而对人轻薄的。希望所有身处贫困的人，或者曾经贫困的人，一定有"己欲立而立人，己欲达而达人"的觉悟，带动、帮助更多的人成长起来。

再次，立志改变命运的人，一定要多读圣贤书，提升自己的智慧，一定多提高自己的道德修养，厚德载物，广结善缘，一定不怕辛苦，乐于奉献，一定谦卑虚心，处处有一颗倾听学习的心。只有这样，一个人才能披荆斩棘，处理好各种挑战，才能得到更多人的帮助，才能团结更多的人一起努力，才能永不骄傲，永远进步。

最后需要提醒，改变命运是一个长期的过程，做人决不可急功近利，操之过急。那种读几天书就飞黄腾达的妄想，切不可以有。我看到很多人陷入传销，甚至身陷囹圄时，觉得很可惜。究其根源，无不是因为自己的德行和价值观的缺失引起。因此，要有远大的理想，坚强的决心，点点滴滴地奋斗，甘于平凡，不急不躁。没有足够的滋养，谁的人生都不会枝繁叶茂。

正确认识因和果

我们读《曾国藩》，如果只关注曾国藩取得了多大的成就，在历史上占有多大的地位，那就错了。中国文化观察问题的一种思维方式是"因"和"果"。曾国藩取得的成就叫果，果背后有什么？有因。我们看到别人种的树上长满了果实，不要羡慕，要低下头看看别人在辛勤培育这棵树时洒下的汗水。

有的年轻人想要创业，想让我给点指导。我伸出两根手指头，告诉他，二十年。也就是说，从你开始创业到有一点自己的基础需要二十年的时间，这很正常。无论是马云还是刘强东，他们在行业里崭露头角，也都用了漫长的时间。一棵树一定要经过多年的培育和浇灌，根深叶茂，才能挂满果实。

5

警惕人性的弱点

我们要想成为更好的自己,第五个方法是,一定要警惕人性的弱点,严格要求自己。

人这一生会遇到各种各样的考验。没有一个人的一生都充满鲜花和掌声。相反,鲜花和掌声来到面前的时候,不一定就是好事。有很多人在苦难的时候获得英雄的称号,在顺境、鲜花和掌声面前却败下阵来。"自古英雄出寒家",这句诗的背后表明,很多情况下是苦难造就英雄。骄奢淫逸、富裕繁华,往往会摧毁一个人的意志。在历史上,这样的例子比比皆是。

给孩子讲《大学》

考验一：坎坷和苦难

孟子说："故天将降大任于斯人也，必先苦其心志，劳其筋骨，饿其体肤，空乏其身，行拂乱其所为，所以动心忍性，曾益其所不能。"第一个大考验就是苦难和坎坷，是我们每个人都逃不掉的，有大成就者无一不是在苦水中泡大的。"吃多少苦就有多少福。"李世民如果没有九死一生的征战，红军如果没有经过雪山草地的长征，都不能开辟出新时代。

现在年轻人不愿吃苦是个大问题，有些人甚至早上起床都像一场艰苦的战斗。大家看出家的师父，四点多起床，五点钟整整齐齐地上早课。多少佛号，多少经咒，他们把做功课的功德回向给众生，祈愿国泰民安，风调雨顺，然后要定期禅修。一个人一旦经历过大起大落的失败之后，心就稳下来了。人这一辈子一定要经历坎坷和苦难，比如说有些特别优秀的人，人品好，工作好，可好几次提拔的机会都错过了。不必难过，不经历风雨怎么见彩虹，没有人能随随便便成功，在苦难面前要做强者。很多人都是这样历练出来的，这是第一个考验，叫坎坷和苦难。

考验二：顺境、鲜花和掌声

有些人在苦难面前能够挺过去，可是在鲜花和掌声面前却败下阵来。这是第二个考验。人生中拥有成功的时候，无论有多大的成就，永远不能"嘚瑟"，不能飘飘然。朋友们，什么时候"嘚瑟"就什么时候倒霉。我教过成绩很优秀的学生，也教过成绩不太好的学生，经过比较后发现，有些人成绩好，骨子里有傲气，傲气往往会让人变得愚蠢和浅薄，更会带给人刻骨铭心的失败。同学们，假如你成绩特别优秀，你一定要警惕，不要自以为是地高傲。不要以为读了几本书，考了很高的分数，就觉得自己了不起。放不下心中的骄傲和自满，智慧之门就没法接受阳光的照耀。要放下！

人有一点什么成就，千万不能飘飘然。这些道理对我很有警醒作用。我在社会上讲课，也有一些掌声和一点表扬，但我非常有自知之明，知道自己的缺点和不足。

《论语》说"吾日三省吾身","三人行必有我师"。大家一定要记住,这一辈子无论有多大的成就,一定要谦卑,永远不要轻视别人。

《六祖坛经》里面有这样一段记载:"有江州别驾,姓张名日用,便高声读。惠能闻已,遂言:'亦有一偈,望别驾为书。'别驾言:'汝亦作偈,其事希有。'慧能向别驾言:'欲学无上菩提,不得轻于初学。下下人有上上智,上上人有没意智。若轻人,即有无量无边罪。'"大家看这一段话,张日用这个人多少有点看不起我们的慧能大师,意思是慧能不识字也能写偈子吗?但是慧能说:"下下人有上上智。"这对我的影响特别大。寺院里面你看有些师父在那里扫地拖地,当园头,不声不响,你又怎么能知道他不是一个天上人间的觉悟者呢?不是一个人天师呢?比如我,常在台上讲课,但告诉你,我只是一个很平凡的普通人。

所以,人这一辈子,无论有多大的成就,都不能轻视他人;无论有多高的成就,都不能"嘚瑟";无论有多大的成就,都要尊重别人,都要发自内心地重视别人。这个品格一定要修炼出来。恭敬是一个人修养的体现。

越了不起，越要知道自己无知；有越大的成就，越要谦卑；有越大的能量，越要尊重别人。对干部来说，每一个提拔得比较快、成长得比较好的人一定要清醒，无论多少鲜花和掌声，永远要谦卑，永远知道自己的缺点，永远尊重自己的同事，永远敬重自己的领导，永远要对老百姓好。

考验三：对成功的期待

第三个考验，是对成功的期待。很多年轻人付出一点努力就想得到天大的回报，恨不得今天早晨努力，晚上就有结果，这个状态叫什么？急功近利。急功近利是一个天大的病，非出事不可。甚至有人拜佛的时候，拿了一点水果，就祈愿自己发大财、行大运。我们不禁要问：你的水果怎么那么值钱？真正让你发大财的不是佛陀，而是你的德行和修为。切不可迷信，要明白佛教给我们的是智慧，是如何真正把握自己的命运，而不是盲目地崇拜和迷信。

给孩子讲《大学》

人这一辈子,一定要懂得,没有几十年的奋斗而要想有成就,恐怕无任何希望。你们看这个世界上有成就的人,实际上都是经过几十年的努力的结果。曾经有个学书法的学生跟我说学书法没出息,现在觉得有点后悔学书法。我说:"你现在上几年级?"他说:"在上研究生一年级。"我说:"你为什么觉得学书法没出息?是不是春节回家卖对联卖不出去?"他说:"你别跟我开玩笑了。"我问他:"学了几年呢?"他说学了五年了。我长叹一声,五年就想出人头地,不是很悲哀吗?我大学本科四年,加上我的硕士、博士、博士后共十四年。我是2007年和柏林禅寺结缘之后,才有一个感觉,就是我以后讲课,可以讲一点我的体会,可以不用再照本宣科。朋友们,我进入大学之后持续读书十四年的时间,才能有一点自己的体会和感悟,更谈不上当什么思想家。

年轻人做一点事就想得到天大的回报,愿望很大,但实力和愿望不匹配,这是我们很多年轻人的通病。黄檗禅师曾说:"尘劳迥脱事非常,紧把绳头做一场。不经一番寒彻骨,怎得梅花扑鼻香。"世间法与出世间法都是一样的，道理相通。奋斗了，努力了，想成功，希望级别高一些，这是很正常的。但我们对成功的期待永远不可急功近利，水到才能渠成，只要一个条件不具备，事就不成。你光优秀是不行的，优秀只是一个因素，还需要很多条件。没有几十年的汗水，养不出一个成就，所以切不可急功近利。

考验四：面对欲望

第四个考验是欲望。人这一辈子切不可做欲望的奴隶。"饮食男女，人之欲存焉"，年轻人要完全摆脱欲望，不现实，可是一辈子不能做欲望的奴隶。怎么对待欲望？怎么超越欲望？这一点要跟人讲清楚。

我曾经问过一些年轻人，你们读书为了什么？他们有的回答说，吃得好一点儿，过得好一点儿，房子大一点儿。我说："这就是你的品位？这跟动物有什么区别？就是那个窝大一点儿，抓到的猎物多一点儿，这叫什么追求呢？"我告诉他，房子多大为大？其实够用就行。

给孩子讲《大学》

人在基本的物质条件满足之后,应该有超越物质利益的高远追求。如果一个人眼里只有金钱、利益和权力,这个人绝不会有什么希望。如果一个国家只懂得追逐利益,也绝不会有未来。当物质生活能让自己活得比较殷实,能让自己的家庭有保障之后,在这个基础上,要有超然的追求。人生要有道义、有责任、有情怀、有使命、有抱负。

对于青春期的孩子来说,他们没有很多钱,而很多游戏在金钱方面门槛很低,孩子不需要从爸妈那里要太多的钱就能让自己很开心,所以沉迷其中。我身边就有一个小孩,学习特别好,因为迷恋游戏不能控制自己,本来是考重点大学的苗子,学习成绩一败涂地,不得不辍学。他的整个人生过早地凋零了。如果他自己不贪玩,能管好自己,以他的资质考一所重点大学是没有问题的。只可惜现在没有大学可上,只能辍学打工,最后过得很辛苦。

我们都不是圣人,几乎每一个人都会贪玩。孩子们有的时候打游戏,忘了学习;很多人都逃离不了男女感情,尤其年轻的孩子们,情窦初开,会受干扰;有的人逃不脱金钱和名利，深陷其中。这些都是人生的大考。朋友们，这些考验我们每一个人都逃不掉，处理不好，它们就容易让我们走上歧途，甚至付出沉痛的代价。

请同学们好好地审视自己，你的缺点是什么？你是不是贪玩了？你是不是早恋了？有人说早恋没关系。我认为有美好的情愫可以理解，我们不求全责备，但是大是大非要清楚，所有影响自己前程的、让父母感到担心和忧虑的坏习惯，现在就改掉。绝对不能因为人性的弱点让自己败走麦城，让人生犯颠覆性的错误，让生命经历不可承受之重。

大家这一辈子一定要有超越"小我"的追求。当家庭条件比较好的时候，千万不要专注于蝇营狗苟的小利，一定要超越"小我"。我们重视自己的利益，可以理解；但不能只看到利益，人生最壮美的不是利益，而是道义。真正让自己心灵澎湃的力量，是道义的担当和超越"小我"的使命责任。

考验五：面对平凡

第五个考验，就是平凡。这一辈子做个平凡人，你们能接受吗？你做好准备没有？很多人希望轰轰烈烈，但这一辈子可能只是芸芸众生中的一个，成为大人物的可能性非常小。不可能人人都进中南海，人人都是李嘉诚。朋友们，做好准备，无论自己多普通，也要活得有意义，活得很充实、很快乐。无论多平凡，心中的抱负、使命、情怀不能丢！

所以我想告诉大家，如果你这一辈子活得很辉煌，祝福你；如果过得很平凡，你要一样很快乐。因为每一份工作的实质都是一样的。就是服务大众。我有一个体会，越是直接面对大众，服务大众，越是有意义。我是一个最平凡的老师，直接面对学生，就因为能够直接服务学生，才给我了解学生的机会，才能让我更好地讲授学生需要的东西，从而更好地帮助学生。

孔子讲："君子求诸己，小人求诸人"，君子遇到问题的第一反应是"我"有问题，反思自己；小人遇到问题的第一反应都怪别人，抱怨政府不好，社会不好，别人不好，学校不好，教育体制不好，把所有的责任归咎于外。

朋友们，我没有把大家当圣人，也没有以圣人的标准要求大家。如果拿着圣人的完美标准去要求别人，有的时候会让别人很痛苦。这叫道德绑架。我们每一个人都有很多的缺点。但是，我们要通过反省、警惕、克制自己的缺点，不能因为自己有缺点而去伤害别人，更不能违法乱纪，这是底线。

结语 认识自己，优化自己，提升自己

结语

认识自己，优化自己，提升自己

格物致知，认识这个世界，其中很重要的一方面，是认识我们自己，进而优化、提升我们自己。苏格拉底有句名言叫"认识你自己"。《孙子兵法》也讲"知己知彼，百战不殆"。认识我们自己的优点、缺点、长处、短处等等，是我们一生的必修课。只有认识了我们自己，知道了我们自己适合"吃哪碗饭"。知道了自己的使命担当，知道了自己人生的方向，才能笃定前行，用一生不断地积累，让人生绽放光彩。

第四讲

格局有多大，人生就有多大

引言

中华民族的格局

我们常说格局有多大，人生才可能有多大。大家发现没有？我今天讲课穿的衣服不一样了，我今天穿的是西服。我很少穿西服。我可以告诉大家，我穿西服公开讲课的次数屈指可数。为什么穿西服呢？"西"，我们可以理解为西方、欧美。中国人穿西服，从某种程度上也代表了一个民族的胸怀。

胡服骑射，敢为天下先

中国历史上有一个成语叫"胡服骑射"，是指战国时赵武灵王为了国家的强大，推行胡服、教练骑射的故事，表现出赵武灵王注重实用、勇于改革的形象。当时，

赵武灵王在打仗的时候发现短襟的胡服穿在身上，非常能提高战斗力。大家想想，如果穿着儒家的长袍骑在马上，那种累赘，那种束缚，战斗力怎么体现出来？胡服骑射是我国古代军事史上的一次大变革，被历代史学家传为佳话。在中原王朝把少数民族看作异类的政治背景下，赵武灵王以敢为天下先的格局和胸怀，力排众议，排除守旧势力的阻挠，坚决向夷狄学习，表现出了作为古代社会改革家的魄力和胆识。

给孩子讲《大学》

汉唐具备世界眼光

我们看中国的历史，会清晰地看到，中华民族文化什么时候走向辉煌壮阔，什么时候走向凋零衰败，都是有迹可循的。汉朝，在当时生产力如此低的情况下，已经将眼光投向了遥远的西域。汉武帝专门派张骞出使西域，通过步行打通了中原前往西域的道路，使得西域国家开始与中原互通。那代表了我们大汉的世界眼光。

到了唐朝的时候，一百多万人的长安城，有二十万左右的外国人，其中，阿拉伯人、欧洲人、朝鲜人、日本人等等，大量地聚集在长安周边。唐朝有一个大将叫高仙芝，是高句丽人，也就是今天的朝鲜人。在平定安史之乱的过程中，有一个作出杰出贡献的大将叫李光弼，是契丹人。当时，世界各地来中国参加科举而且取得功名，成为官员的人很多。有的日本人曾经拿到三品以上的官员，相当于现在副部以上的干部。阿倍仲麻吕是其中著名的一个。

海纳百川大国气度

唐朝时儒家、道家、佛家在文化上可谓蔚为大观，汪洋恣肆。盛唐气象，既以我为主，又海纳百川，彰显一种大国气度。佛教有四大名山——普贤菩萨的峨眉山，文殊菩萨的五台山，观世音菩萨的普陀山，地藏菩萨的九华山。其中九华山有一个真实的故事：新罗的王子，也就是一个朝鲜人，他来到中国的九华山，用他的一生成就了中国佛教史上一个了不起的形象——地藏菩萨。现在到九华山参拜的人仍络绎不绝。同时，盛唐一点都不封闭，唐朝高僧鉴真东渡，给日本带去了先进文化。玄奘法师用一双脚，丈量十万里路，到天竺求取大乘佛法。

所以我想告诉大家，在中国历史上，只要敞开胸怀，谦卑地向全世界学习，绝对不自大的时候，中华民族就辉煌壮阔。当然我们学别人的时候，没有丢掉自己，学完之后，我们才会更加壮大。中国永远是中国，中华文化永远是中华文化。正因为自己有博大的胸怀，敢于和善于向全世界学，包容天下，中华文化才更加异彩纷呈。

近代中国敞开胸怀

可是明朝以后,尤其是清朝搞闭关锁国、文字狱,民族生机一下子萎缩了。没有一个向其他民族吸取营养的渠道,做不到和而不同,中华民族一步一步衰落。近代以来,在西方的思想传入之前,中国落后挨打,灾难深重,内忧外患,积贫积弱,甚至面临亡国灭种。后来我们开始"睁眼看世界"了,包括洋务运动、戊戌变法、新文化运动、五四运动,我们一直在学。近代中国能够从种种危机中走出来,和中华民族又敞开胸怀,向全世界学习,有极大的关系。

这其中最值得我们纪念的就是马克思主义传入中国。马克思主义是在欧洲产生的。我们中华民族的胸怀,充分认识到了马克思主义的思想价值,认识到了马克思主义的理论对整个人类发展规律的揭示。马克思主义传入中国以后,我们很智慧地把它和中国的实际情况、中华优秀传统文化结合起来,形成了毛泽东思想、邓小平理论、"三个代表"重要思想、科学发展观、习近平新时代中国特色社会主义思想。一百多年以来,我们改变了国运，甚至改变了世界历史进程。

　　因此讲格局的时候，我会特意穿上西服。为什么？学中国文化的人如果骄大自狂，总觉得自己伟大，看不起世界其他思想和文化，一定会导致衰败和死亡。然而，我们向欧美学，向全世界的其他国家学，但我们绝对不会成为欧美，绝对不会膜拜欧美。学的目的是什么？让中华民族更加伟大，让中国国力更加强盛，让我们的文化更加智慧、更加博大、更加生机勃勃。

第一章

大格局的重要性

给孩子讲《大学》

　　大格局对一个人的重要性体现在多个方面，它不仅关乎个人的成功，还影响着人生的方向和品质。不同的格局，不同的结局。心量的大小，决定了事业的大小。格局大小，严重影响人生的幸福指数，决定一个人能否成为大才。

1

格局决定结局

这一讲，讲的是格局有多大，人生的舞台有多大。首先，我给大家讲一个《庄子》里的故事，这个故事说明一个道理：不同的格局，不同的结局。

同一个药方，不同的结局

《庄子·逍遥游》："宋人有善为不龟手之药者，世世以洴澼絖为事。客闻之，请买其方百金。聚族而谋曰：

我世世为洴澼絖，不过数金，今一朝而鬻技百金，请与之。客得之，以说吴王。越有难，吴王使之将。冬，与越人水战，大败越人。"

一个药方的几次易手

这段文言文的意思是，古代春秋战国时期，冬天的北方，没有暖气，很多人手冻得跟面包一样，有的都裂开了，甚至渗着血水，奇痒难忍，也很疼。宋国，今天安徽、河南、山东一带，有一个人有一种特殊的传家宝——不裂手的药，抹到手上以后，手不裂开。他家本来是世世代代给人洗衣服的，到了冬天当同行们因为手被冻裂停业的时候，他家有这个秘方药可以不停业。

有一个商人听说了这个药方，要花一百金来买。一百金在当时是一笔不小的钱。这个宋人特别高兴，就把家里人都找来说："我们世世代代都以给人漂洗衣服为生，很辛苦，赚的钱特别少，现在有人要买我这个专利，一下子一百金呀！这个太好了，这个生意我们要谈成。"

这个商人花了一百金买了这个药的专利,然后找吴王去了。当时吴王和越王争霸。正好越国国内遇到了困难,而吴王就想借机去攻打越国,成就霸业。这个商人就告诉吴王,冬天打仗,很多战士手都冻得生疼,甚至冻裂奇痒难忍,战斗力大大削弱。我有一个药方,抹在所有的战士手上,吴国战斗力会倍增!吴王听了以后特别高兴,就任命这个商人为将。这个商人就由一个普通的商人成了一个国家的上卿——将军。这个冬天,吴越水战,当越国士兵的手都冻裂开,战斗力大大丧失的时候,吴国人因为有了这个药方,大败越人,取得了战争的胜利。

药方持有人的不同格局

同样的一个药方,格局不一样,结局不一样。那个洗衣服的人,世世代代只懂得用这个药方涂自己的手,能够在寒冷的冬天多揽一点生意赚一点钱,辛辛苦苦挣一口饭吃,就这么一点格局。商人的格局就大多了。买了这个专利之后,商人让这个世世代代只为一家人所用的药方,为更多人所用,他的结局是成为将,从一个商人的身份,转变为一个国家的高级将领。而吴王用这个药方保护吴国的士兵,使整个国家的国运得到了改变。

拥有同样的一个药方,有的人只是将目光聚焦在自己身上,有的人聚焦在经商上,有的人聚焦在整个国家的发展上,结局是不一样的。所以我们的结论是:同样的一件事,格局不一样,结局就不一样。

两个智商同样高的人,如果其中一个有大格局,不计较自己的得失,愿意为大家付出,也许就能成为国家的人才。另一个看起来特别聪明,但是只知道吃吃喝喝,天天算计自己的得失,争取自己的小利益,这样的人往往是机关算尽太聪明,反误了卿卿性命。

内圣外王,从小我走向大我

内圣外王,从小我走向大我。这是中国人的一个特点。《大学》里面讲"物格而后知至,知至而后意诚,意诚而后心正，心正而后身修，身修而后家齐，家齐而后国治，国治而后天下平"，一下子讲了中国人四个层面的问题：第一个层面是修身，格物致知、诚意正心，我们把自己做好。第二个层面是齐家，由小我走向家庭，为家庭服务，推动家族兴旺。第三个层面是治国，从齐家走向治理国家，让国家国泰民安，风调雨顺，蒸蒸日上。最后第四个层面，是平天下。

"明明德于天下"，我们中国人要通过修身齐家治国平天下，由小我走向大我。这是我们中国文化和全世界的文化相比，一个不可替代的突出优势。

"美国优先"，弱肉强食？

前几年美国提出一个口号叫作"美国优先"。我看了以后不禁哑然失笑。一个在地球上综合国力第一的大国称霸了六七十年，居然提出"美国优先"，这是一句很没格局的话。发展自己的国家可以，但必须要有世界的格局。如果损人利己，只是为了小我的发展，为了所谓的美国利益而不惜伤害别人,最后只能是信誉扫地,威望殆尽,国运衰败。

西方有两个词,弱肉强食、零和游戏。什么是弱肉强食?谁懦弱就欺负谁,谁落后就挨打。难道落后就该挨打吗?不对!对弱者我们应该帮助,怎么可以打人家?但是鸦片战争告诉我们,中国贫弱的时候,不少国家欺负我们。所以,弱肉强食、达尔文主义是西方的观念。我们中国人不是这样的。

人类命运共同体

《中庸》里讲,"道并行而不相悖,万物并育而不相害。"中国人认为万物之间是相互滋育的关系。万物之间不是你伤害我、我伤害你,绝对不是"零和游戏",绝对不能搞恃强凌弱,以富欺贫,以大压小。中国文化认为,我好了会对别人好,别人好了也会对我好。这是中国文化提倡的智慧。我们永远重视国家的利益,重视人民的利益,这一点永远不会丢。我们要很好地发展中国,但是中国在地球上,还要有世界的眼光。我们要和其他的民族一起形成人类命运共同体,一损俱损,一荣俱荣。大家好,才是真的好!

朋友们,中国文化既看到人自己的价值,又看到人和周边环境的关系。所以我们重视自己,重视家庭,重视社会,重视国家,还重视整个世界的和平安宁。如果全世界都不能和平安宁,中国还能好到哪里去?我也想告诉美国,全世界都不好了,美国能好到哪里去?

所以现在中国要和平发展、民族复兴,向世界舞台中心挺进,但美国想尽各种办法打压我们,格局太小了,打压不了的。为什么?因为有中国的年轻人在,你们在将来能托起国运的;而且美国打压我们,只能让我们民族更有精气神,让中国人更团结地去克服困难,迎接挑战,实现中华民族伟大复兴。

绝对不能以个人至上

中国的文化和欧美的文化在价值观上的根本区别是

什么？中国人主张"内圣外王"，从修身走向成就事业，从小我走向大我，为天下人服务，这是中国价值观上一个极大的特色。欧美则强调以自我为中心，奉行的是个人至上，自由至上。

所以大家可以发现，我们中国人重视小我，也看到天地之间，没有一个绝对强国能离群索居。我们总是和别人发生着关联，离不开家庭，离不开集体，离不开社会，离不开国家，离不开地球，离不开天地自然。因此，我们中国人不光追求小我，还注重小我和大我之间的协调，追求将个人融入天地宇宙之间，成就一个大我。有人曾经问佛陀，一滴水像露珠一样，转瞬就没有了，怎样才能不干涸？佛陀指释迦牟尼，释迦是一个族，牟尼是圣人的意思，释迦牟尼就是出自释迦族的圣人。释迦牟尼告诉他，一滴水只有融入大海才能永不干涸。我们都是一滴水，如果想不干涸的话，一定要融入为人民服务的大海里边去。

而欧美不是这样。欧美是以自我为中心，奉行个人至上，小我至上。所以欧美社会没办法调集全国的力量，众志成城，努力同心，团结一致，共同做一件事，比如对抗疫情。欧美人连口罩都不想戴，任何影响小我利益、小我自由的事，坚决不愿意做。

冬奥会上大放异彩的一些运动员，特别注重自我的价值。这一点是受欧美的影响。重视自我的价值很好，但是如果没有国家托你，没有教练帮你，没有其他的人帮你，你能有成就吗？所以这是中国人的价值观。中国人不仅看到自我的努力，还看到周围环境对我们的帮助和成全。所以我们要感恩，要回报师长、父母和国家。这是中国人天然就有的情感。从这个意义上讲，我们看这些运动员，如果真做到了中西文化有机地融合在一起，既彰显自我的价值，又感国家、党和政府的恩，有大我的情怀，那他们将来会特别了不起。但是如果西方的文化在他们思想中占据了主导地位，他们始终处于小我的状态，那他们的成就将是有限的。

感恩拥有的一切

我们中国人特别注重从修身走向成就事业，从小我走向大我。任何人都生活在家庭、团队、社会、国家和天地之中,任何人都要顾及周围的环境和他人的感受。我们都不是孤立、离群索居的人,都要和别人在一起才能活下去。比如我所讲的课,有不少年轻的朋友在帮助我,你能接触到这门课需要父母的辛勤劳动,以及对你的爱护。从小学上到大学,同样离不开师长、朋友、同学对你的帮助和成全。

大家看这个世界,多少地方在发生战乱、布满血腥?多少老百姓流离失所?大家能够安心地读书工作,能够和家人快乐地相聚,能够感受这个世界的美好,根本就在于我们有一个强大的国家。如果你们生在1937年,生在发生动乱、国家被人凌辱的年代,到处都是硝烟弥漫,颠沛流离,现在的生活将不复存在。所以我要分享两句话,"国泰才能民安""覆巢之下安有完卵"。永远要爱自己的国家。国家好,民族好,个人才好。每当我向圣人礼敬的时候,我都会祈祷我们国家国泰民安。因为作为一个国家的公民,我深深知道,国家是生我养我的摇篮。国家好了,才能庇护所有的国民,我们的生活才有安宁,人生才有保障。

所以说任何一个人重视自我价值，很好，但绝对不能自我为中心，不能个人至上。我们任何人都生活在家庭、团队、社会、国家天地之间，说话办事要考虑自己的感受，也要考虑父母、师长、朋友的感受，考虑到国家的需要，以及对天地自然环境的影响，这才是一个真正的中国人该有的态度和精神。

给孩子讲《大学》

2

心量决定事业成就

格局的大小，某种程度上决定了人生局面的大小。一个人心量的大小，决定了他所创造事业的大小。

为中华之崛起而读书

周恩来12岁时，一天，校长向同学们提出一个问题：诸生为什么而读书？同学们踊跃回答，有的说为明理而读书，有的说为做官而读书，也有的说为挣钱而读书，

第四讲 格局有多大，人生就有多大

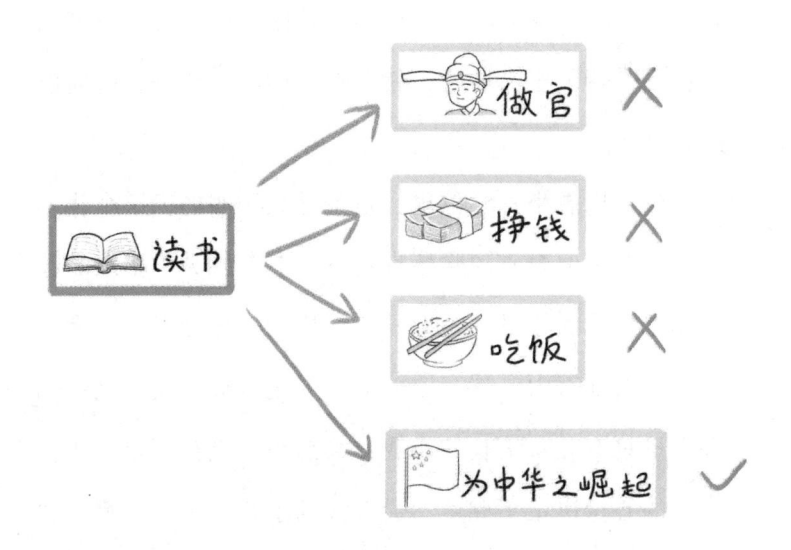

为吃饭而读书……周恩来一直静静地坐在那里，没有抢着发言。魏校长注意到了，打手势让大家静下来，点名让他回答。周恩来站了起来，清晰而坚定地回答道，为中华之崛起而读书！

魏校长听了为之一振！他怎么也没想到，一个十二三岁的孩子，竟有如此抱负和胸怀！他睁大眼睛又追问了一句："你再说一遍，为什么而读书？""为中华之崛起而读书！"周恩来铿锵有力的话语，博得了魏校长的喝彩："好哇！为中华之崛起！有志者当效周生啊！"是的，少年周恩来在那时就已经认识到，中国人要想不受帝国主义欺凌，就要振兴中华。读书，就要以此为目标。

少年周恩来在学校里，是不是最聪明的，这个我不敢说，但是他内心的胸怀肯定不一般。要为中华之崛起而读书！他的心量一旦像国家一样大，像社会一样大，经过不断地努力，就一定能成为国之栋梁。反言之，如果心里只有儿女情长的小我，只想赚一点钱买个房子，这样的心量决定了此生不会有大的事业。一个人哪怕智商再高，如果心量这么小，一辈子能有多大出息？想要立潮头，做一个时代的引领者，那是不可能的事。

所以我们的圣贤往往"心包太虚，量周沙界"。心量特别大，将无边无际的世界都包括了，无量的世界都在心中，与宇宙空间所有的生命融为一体，为所有的生命去打拼，为众生去打拼，这才能成就一个千古圣贤！

不怕穷不怕笨就怕没志气

假如一个人，只注重个人的悲欢，很难有波澜壮阔的人生。我送大家一句话，不怕穷不怕笨就怕没志气。孔子"十有五而志于学"，王阳明也说"读书人第一等事是成圣成贤"。如果孩子有志气，你只管给他提供基本的生活保障，他肯定干出一番事业。如果孩子没志气、没使命、没抱负，无所事事、浑浑噩噩，家庭条件再好也可能毁在他手里。心是个什么状态，一个人就展现出什么状态。

我小时候家里穷，我暗暗地下决心，现在穷不代表以后穷，一个家庭里面怕的不是缺钱，是人没志气。我要好好努力。我初中成绩非常不好，以致吊车尾地考上了县二中。那所高中整体成绩非常差，在我之前二十三年，不复读考上本科的都没有过。我去了之后非常用功，有人嘲笑我说："你用功没用，只要在我们学校，大家都考不上，第一名也考不上。"我告诉他："二中的历史会从我这里改写，别人考不上，不代表我考不上！"三年后，我兑现了这个豪言壮语，23年以来，不经过复读文科考上本科的就我一个。后来这股志气又支撑着我读了硕士、博士、博士后,并来到大学工作。

所以,同学们,如果不懂得努力学习,那太糊涂了!我们穷人家的孩子,家里没有家底,靠什么才能活得有尊严?自强才是王道!

公务员的使命

朋友们,我身边也有很多这样的例子。有的人智商非常高,但是就只想着当个公务员,有一份稳定的工作,没有更高的追求。当公务员是为了什么?

当公务员如果是为了像毛主席一样更好地为人民服务,造福一方,为人民做事,不为己求,想的是天下苍生,那组织安排自己到哪里工作,什么岗位工作,都不会太介怀,会高高兴兴地去做。因为不论哪个岗位,都是为人民服务的好机会,没有高低贵贱之分。永远不忘初心,这是事业长久发展的根本。只有真正带着使命去做,带着情怀去做,才能宠辱不惊、任劳任怨,成就一个波澜壮阔的人生。

"我将无我，不负人民"

国家主席习近平2019年3月在意大利进行国事访问时，意大利众议长菲科问他，当选中国国家主席时是什么心情。习近平回答："这么大一个国家，责任非常重、工作非常艰巨。我将无我，不负人民。我愿意做到一个'无我'的状态，为中国的发展奉献自己。"

这句话很令我感动，感动到无法用语言形容。为什么？因为我的博士后是学中国哲学的，非常清楚地知道我们这个民族五千年来最核心的精神是什么。我当时之所以会那么震撼，正是因为习近平总书记的话点出了中华传统美德的核心内涵。习近平总书记把他的境界和状态告诉了我们，就是"无我"。这句话实际上抓到了近代以来人类社会，尤其是西方出现问题的根源。极端自私造成了人与人、国与国、民族与民族、人与自然之间的各种冲突、障碍和痛苦。习近平总书记讲的"无我"

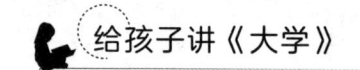

既代表了他自身的境界，同时也是中华民族五千多年来所倡导的核心美德——超越小我，成就大我。

面对如今中国的发展格局，在中华民族伟大复兴的中国梦和为世界承担更大责任的伟大事业面前，一个人怎么样才能驾驭全局？那就需要内心非常的纯净，没有小我的考量，站在国家的发展、人民的幸福、世界的未来的角度，去考量每一个战略决策。

3

格局影响幸福指数

朋友们，同样的人生，为什么有的人幸福美满、大气磅礴？而有的人千般纠结、万般痛苦？与格局和心态有关系。很多人的痛苦来自极端的小我，来自心量太小带来的纠结和自我缠缚。他的幸福与否就在于能不能评上教授，就在于赚的钱多不多，就在于有没有得到表扬，就在于奖金有没有得到……稍微有一点影响利益的地方，就千般纠结、万般痛苦，眼中只有自己的利益和算计，没有天下人的福祉，能不痛苦吗？

我打个比方，假如一个人的心就像一个口袋这么小，在口袋里放个锥子,这个锥子一动就把口袋给刺破了。为什么?它太小了。而如果一个人的心像虚空一样大,别说放个锥子了,放银河系,乃至整个宇宙都绰绰有余,而且各个星球还能按照各自的轨道自由运行,互相之间基本上不发生碰撞。为什么?它够大。

少年郭继承被体罚

反对体罚教育,这是对的。我上初中的时候特别调皮,有一次上自习,我在教室里不好好学习,摇着头晃着脑说话,扰乱课堂秩序,把教室气氛搅成一锅粥。我的行为被班主任在窗户外面看得一清二楚,想躲也来不及了。他直接把我从座位上拎着耳朵拎出来,力度大到我都被拎离地面了。我整个人都懵了,被一下子带到讲台中间。老师是练体育的,身高一米八,对着我的屁股踢了一脚。我被踢得在讲台上转了几个圈之后,直接从教室门口摔到外面的走廊上。

老师跟过去,命令我站起来。我就乖乖地站起来,尽管转得很晕，但是不得不站起来。因为如果不站起来，会被继续踢。老师让我当全班同学的面说说自己刚才干什么了？我就老老实实地承认了错误。从那一次之后，我这个顽皮的孩子乖了半年多。这个老师姓谭，我内心里特别感恩他。我要告诉所有的孩子，你们将来走到社会上，会有失恋的，会有被领导批评的，会有创业失败的，会有工作中面临挫折的，甚至会有在街上挨打的……如果老师踢你一脚都受不了，你还能干什么？

　　人一旦把格局放大，着眼于天下，为了人民去打拼，为了天下去打拼，为了伟大的祖国去打拼，荣誉、工资等自然就有了，没有也没关系，至少很多烦恼会烟消云散，海阔天空。

4

格局决定能否成才

心中有父母，才会孝敬父母；

心中有师长，才会尊重师长；

心中有人民，才能为人民服务；

心中有国家，才能为国家打拼；

心中有时代，才能成为时代弄潮儿；

心中有大愿，才有奔腾不息的力量。

心中有父母，才会孝敬父母
心中有师长，才会尊重师长

你的心量很小，就只顾自己吃喝玩乐，心里根本就没有爹妈，你怎么孝敬爹妈？你眼中、心中没有老师，没有师长，你怎么尊重尊长？所以心中有父母、有师长，才能孝敬父母、尊重师长。

心中有人民，才能为人民服务

同学们，你在生活中有没有这样的体会，看到一个身处苦难的人，心里就特别不舒服、特别难受。这是我真实的体会。心中有人民，才能为人民服务。有的大学生毕业以后，从学校到机关，从机关到机关，就喜欢围着领导转，就为了升个官，升个级别，光宗耀祖。这是一种非常不值一提的小我格局。你心中得有人民，你得有悲天悯人的情怀，愿意用自己的一生为天下的人民打拼，为中华民族的福祉去服务！这才是一个真正有格局

给孩子讲《大学》

的人。心中有人民,才能扎扎实实为人民服务。

大学生村官

我有一个学生,大学毕业以后当了村干部。他对工作有抱怨。我问他原因,他说觉得读了这么多年书却没有用武之地。我就教育他说:"你的想法不对。我博士、博士后都毕业了,作为一个老师,天天跟年轻人打交道,跟我们可爱的孩子打交道,这不就是我的价值吗?你大学毕业,天天跟老百姓打交道,这不就是你的价值吗?你若只想在办公室里喝茶、看手机,你活着为什么?你要走到人民中间,为人民做事,你才有价值,这不是活着的目的吗?"

那个年轻人显然受到了启发,因为他后来表现得很好,不久后就被提拔到市里了。所以我要告诉大家,心中有人民才能为人民服务。当然,他到了市里就更好了,可以用自己的权力,更好地为人民做事了。

心中有国家，才能为国家打拼

很多人到欧美留学，就是为了移民。这样太没有格局了。要像钱学森、邓稼先一样，像郭永怀一样，把天下的东西学来为我们这个民族打拼。到天涯的何处都得有国家依托啊。你要像徐悲鸿出国一样，时时刻刻牢记自己是中国人。他们看不起我是中国人，我还就告诉天下，我是中国人。

"两弹一星"元勋的国家情怀

"两弹"指原子弹和导弹，"一星"指人造卫星，故而两弹一星元勋就是指当年为研制核弹、导弹和人造卫星作出突出贡献的23位国宝级科学家，他们的丰功伟绩值得中国人民永远铭记和怀念！

按照今天知识经济时代的眼光和标准来衡量的话，23位"两弹一星"元勋全部都是妥妥的大学问家。21人曾留学外国，美、英、法、德、苏是他们的主要留学地。11人去美国，5人去英国，2人到德国，2人到苏联，1人到法国。他们的外语水平普遍较高。除了较长的国外留学经历外，他们中的一些人在中学和大学读书时，已经具备了很好的外语听、说、读、写能力。21位有留学经历的元勋们平均在国外时间为7年，其中时间最久的是钱学森，1935年出国，1955年归国，在美国整整20年。其次是郭永怀，在国外生活了17年。钱三强、陈能宽、姚桐斌，都在国外生活了10年以上。

邓稼先1924年出生于安徽怀宁县一个书香门第。1935年考入志成中学，在读书求学期间，深受爱国救亡运动的影响。1937年北平沦陷后，他曾秘密参加抗日聚会。后在父亲的安排下，他随大姐去往昆明，并于1941年考入西南联合大学物理系。1948年至1950年，他在美国普渡大学留学，获物理学博士学位，毕业当年，他就毅然回国。有人说，看到邓稼先才会知道什么叫一生无悔，怎样才能被称为中国脊梁。

除了知名度高的钱学森和邓稼先之外，还有一个可能不为人知的名字，他的事迹同样让人禁不住热泪盈眶！他就是郭永怀。他1935年毕业于燕京大学物理系，1945年获美国加利福尼亚理工学院博士学位，1957年被选聘为中国科学院学部委员（院士），1968年12月

5日因飞机失事不幸牺牲，12月25日被追认为烈士。当时，在青海做任务试验的郭永怀，因为一项紧急任务赶回北京。他从兰州乘坐飞机，在即将抵达北京的时候，飞机却出事了。人们找到他的时候，令人吃惊的一幕场景出现了，因高温而高度碳化的他与自己的警卫员紧紧地拥抱在一起，为什么会这样呢？分开两人之后，人们看到了一份保护完好的绝密文件。原来，他是为了保护这份宝贵的绝密级实验数据才选择与警卫员一起，把公文包保护在两人身体中间的。

徐悲鸿：我是中国人

1927年，我国著名画家徐悲鸿在欧洲留学。那时，中国留学生在外国，不仅经济上困难，而且政治上受歧视。有个洋学生向徐悲鸿挑衅说，中国人愚昧无知，生就当亡国奴的材料，即使是把你们送到天堂里去深造，也成不了才。这话激怒了具有满腔爱国热血的徐悲鸿，他严肃地说："那好，我代表我的祖国，你代表你的国家，等学习结业时，看到底谁是人才，谁是蠢材！"

从此，徐悲鸿怀着为我中华民族争一口气的决心，刻苦努力，经常到巴黎各大博物馆临摹世界名作，一去就是一整天，不到闭馆不出来。有志者事竟成。徐悲鸿在巴黎学习的第一年，他的油画就受到老师的好评。渐渐，他的各类画作在巴黎展出，轰动了巴黎美术界。这时，那个曾向他挑衅的洋学生，不得不承认自己不是徐悲鸿的对手。

徐悲鸿喜欢画马，战马嘶鸣，奔腾呼啸，分明就是"天行健，君子以自强不息"的写照。徐悲鸿讲，马的刚健有为、积极进取、一骑千里的精神，正是当时中国人所

缺少的。画马的此时此刻，他不但是一位艺术家，更是一位大丈夫，一位满含家国情怀的大丈夫！徐悲鸿所表现出的这种家国情怀，也正是当代中国文艺界所应传承的高贵精神品质。

所以同学们，儒家的"温良恭俭让"，在待人接物方面是有价值的，一旦放眼世界，中华民族跟全世界竞争的时候，我们民族的雄浑壮阔，敢打敢拼，必须体现出来。不然的话，怎么可能打倒一切反对我们的反动力量，打倒一切欺负中华民族的力量，屹立于世界民族之林？

心中有时代，才能成为时代弄潮儿

同学们，看到时代的大潮了吗？今天是什么时代？中华民族面临伟大复兴，日益走到世界舞台中心的时代。习近平总书记提出实现中华民族的伟大复兴，集中体现了我们整个民族的整体利益，要认识清楚，每一个人都想着国家好、社会好、民族好并为之努力奋斗，自己才能变得更好。

中华民族的伟大复兴

实现中华民族的伟大复兴这一愿景，是中华民族近代以来最伟大的梦想，凝聚了几代中国人的夙愿，体现了中华民族和中国人民的整体利益。这些话听起来很简单，实际上有深刻的含义。"复兴"两个字不是每个民族都配得上的。如果我们不曾在世界舞台上辉煌过，没有资格谈复兴。打开世界历史，数千年以来，地球上最富庶、最文明、最强大的国家中，中国一直遥遥领先，做老大的时间最长。在17世纪以前，全世界最先进的发明有300多项，中国就占60%以上。

只是近代以来，尤其是清朝实行闭关锁国，不懂得向别人学习，大兴文字狱让人不敢说话，我们民族的生命力开始萎缩。这项非常恶劣的国策，种下了一个落后的因，鸦片战争落后挨打时，果就显示出来了。但是不论我们怎么落后，中华民族几千年来已种下了一个大的因，再落后也是大中华。在某一阶段因为不当的国策落后之后，只有像中国这样伟大的，曾在世界舞台上演绎过那么重要的角色，发挥过那么重大影响的民族，才有资格谈复兴。所以，这就是我们的时代大潮。

时代大潮下的爱国主义

现在我们国家有一种什么风气呢？一些年轻人一谈爱国就有抵触心，仿佛爱国只是假大空的口号。这是非常幼稚的！"国泰民安"什么意思？国泰才民安。如果我们的国家被人看不起了，哪一个人都别想过好。咱们出去吃个饭，聊个天，每天晚上十一二点，甚至凌晨走在大街上，也不用东张西望，也不用担心有生命危险。你过惯了这样安宁的生活，可曾想过，背后没有一个繁荣和富庶的国家，这种安宁是不可想象的。

有一个企业老总，15岁考上清华大学，后来移民去加拿大和澳大利亚，十七年后从海外回来了。我问他为什么回来？他说国外待了十七年，深切地体会到，在人家那里生活，总是被有意无意地提醒是劣等公民，人到中年，回来创业，在这片土地上活得才最充实。我问他，国家的繁荣富庶重要不重要？他就显得特别有感慨，他说当然重要，如果这个国家没有尊严，你到哪里都没有尊严。

国家大确幸，个人小确幸

有些年轻人没有大的历史坐标，认识不到自己的责任，不知道自己此生生活在一个什么样的时代环境里，应该对这个国家和民族承担什么责任，只是沉浸在自己的小悲欢里，只关注自己的小确幸。我说："把你的幼稚放下，没有国家的大确幸，哪有你的小确幸？假如我们国家正在遭受列强的凌辱，假如我们回到八十多年前抗日战争时期，在战火隆隆、颠沛流离、任人宰割的时代里面，命都不保，哪里还有你的小确幸？"

关心自己的小确幸不是不好，但不能只关心自己的小确幸。"覆巢之下安有完卵"，如果鸟巢倾覆了，所有的鸟蛋也都碎了。所以青年人一定要懂得自己的责任和使命是什么，要在中华民族复兴的坐标里承担起自己的责任和使命。

少抱怨少牢骚，多提升自己

现在一些人对国家、对社会有抱怨。可是我要问：国家怎么能变好？一方面，如果我们的工作中还有让人民不满意的地方，那就要反思，要倾听批评，加倍努力，不断改进，让我们的工作更符合人民的期待。这是我们的努力方向。另一方面，发牢骚、指责和抱怨的人也要懂一个道理，美好的家园是谁建设的？幸福的生活是怎么得来的？国家的文明是怎么复兴的？不是在牢骚怨怒中实现的，而是在每一个人点点滴滴的汗水中造就的。

孔子说："君子求诸己。"如果发牢骚的人把发牢骚的时间用在踏踏实实、辛勤工作和努力实践中，用在反思自己、提升自己、完善自己上，用在更好地工作、为人民服务上，我相信我们国家的发展会更好。怨怒、宣泄、指责、牢骚，除了散布不良情绪，干扰自己，影响别人，没有任何积极的意义。所以我建议年轻人要做建设者，要做国家进步和社会发展的推动力量。我们批评的目的，不是为了情绪的宣泄，而是为了发掘问题的根源，搞清楚事情的来龙去脉，找到解决问题的办法，从而让我们的人生和事业，让我们的国家越来越好。

我们中华民族14亿人，每一个人都发自真心地去爱这个国家，每一个人都力所能及地为这个国家做事，国家才会越来越好。每一个年轻人，无论当工人还是当干部，或者自己创业，都应从自己的本分做起，做一个堂堂正正大写的人！当每一个人把中华民族大国民的风范展示出来以后，中华民族的未来一定会好！有了这样一个时代坐标，我们将小我的一滴水融入为中华民族复兴的大潮之中，才能推动历史的大潮，成就自己的人生。

心中有大愿，才有奔腾不息的力量

孔子五十五岁开始周游列国，十四年颠沛流离，为什么？为天下、为民族的大运奔走呐喊。玄奘法师取经，来回用自己的双脚丈量十万多里路，前后17年，为什么？为众生、为国运求取真经。鲁迅先生说，我们中华民族自古以来就有拼命硬干、埋头苦干、舍身求法的人，这些人是民族的脊梁。

孔子周游列国播撒仁德

两千多年前的春秋时期，孔子为了推广他的政治主张，带着一批学生走访了不少国家。因而也诞生了一个词——周游列国。从三十到七十三岁去世的四十多年中，十四年的周游列国占去孔子人生三分之一的时间。孔子及其弟子一行，这十几年在外面，不是去游历旅游，不是去游山玩水，不是到处观景，也不是作为一个国家或一级政府派出的代表团去考察。那时候春秋战国，经常发生大规模的战乱，孔子一旦离开自己的祖国，在诸侯之间血雨腥风的征战之中周游列国，随时都可能遭遇生命危险。

孔子远大的理想是"大道之行也，天下为公"，达到世界大同。其近期目标是"礼乐征伐自天子出"，他认为社会应该和鲁国大夫专权的现实不一样，"政不在大夫"。他十分自负地说：如果有人用自己的主张，几个月就可使这个国家变样，三年就能大见成效。孔子说："有道则行，无道则止。"如果有道，能行道，我就给君王做事；如果不能行道，对不起，我绝对不会为了自己所谓个人的生活放弃做人的坚持。所以他一定要出去，践行自己的理想。

孔子这一走就是十四年，而且他离开鲁国的时候已是接近生命的晚年，颠沛流离，非常辛苦。但他到处播撒仁德思想，惠及各地民众，凭的就是愿力。

玄奘法师西天取经

《西游记》中的唐僧，只是主人公之一。唐僧师徒四人一路降妖伏魔，历经千难万险，最终到达西天乐土，为大唐求得真经。小说大多描述西行路上光怪陆离的见闻，以及神魔仙妖移山填海的大神通，远远偏离了史实。历史上的玄奘法师，的确代表东土大唐前往印度求取真经，但他的身边并没有三个法力高强的高徒护法，所经历的千难万险几乎都是一个人面对的。

玄奘的确在路上收了一些徒弟，但他们却没有悟空、八戒、悟净的通天本事。至于女儿国之类的香艳奇遇，更是无稽之谈。玄奘的西行之路，没有旖旎的爱情，没有战斗的激情，多半是万里黄沙和孤寂星辰。他西行来回十万余里，游历大小一百一十多个国家，全都是一步一个脚印丈量出来的。这种愿力让玄奘完成了令人难以企及的壮举。

毛泽东心忧天下救国救民

1917年,毛泽东与同学交谈时提出,人生不能单以解决衣食住行为满足,还应追求世界主义,把人生理想与世界联系起来,充分表明青年毛泽东对中国与世界的鲜明感知。他身无分文,心忧天下。列强的欺凌,军阀的反动,社会的黑暗,使他痛感国家坏到了极处,人类苦到了极处,社会黑暗到了极处。他立志研究一个拔本塞源的方法，从根本上救国救民。

这样胸怀天下的世界观和担当，一直伴随着以毛泽东为代表的中国共产党人的奋斗历程。从新民主主义革命时期，坚定反对帝国主义，特别是通过持久的抗日战争，为世界反法西斯战争作出重要贡献，到社会主义革命和建设时期，他一直把全体同胞的福祉放在心上，用一生的努力为国运打拼，才成就了一个千古伟人。

同学们，心中有大愿，才有奔腾不息的力量。我想告诉大家，一个人的格局大小，决定了一个人能否有波澜壮阔的人生。

第四讲 格局有多大,人生就有多大

第二章 影响格局的因素

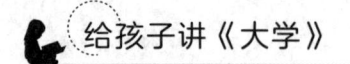

我们研究一下影响一个人格局大小的因素。现实中，每个人的天赋不一样，有的人天生就是大气魄，有的人天生格局就很小。但是，一个人后天的努力也极为重要，同时，一个人的格局和阅读的内容有关，也和周围的环境有关。

1

先天的禀赋

朋友们不要否认天赋。每个人的天赋是不一样的,有的人天生就是大气魄。我讲历史上几个例子。

项羽和刘邦观秦始皇东巡

秦朝灭亡,项羽和刘邦争天下。虽然两人以兄弟相称,但是项羽骨子里是看不起刘邦的,因为当时的刘邦在项羽眼里就是一个地痞无赖,这样的人又怎配拥有天下呢？然而在最终的楚汉战争中，刘邦却赢得了胜利，项羽则落得乌江自刎的下场。其实项羽的失败是必然的，因为两人的性格和用人观注定了两人最终的成败。关于项羽和刘邦的性格差异，我们通过一件事就能看出来。

秦始皇在位时期曾三次东巡，项羽和刘邦都去围观过，都为秦始皇威风凛凛的队伍震惊。但项羽表现出一种不屑的神情，并向身边的项梁说："无甚稀奇，彼可取而代也！"要知道这句话是大逆不道的，如果被别人知晓，很可能会被杀头，但是项羽却无所畏惧。这也说明项羽做事喜欢直来直去、不爱掩饰的特点，同时也容易将自己最大的缺点暴露在敌人面前，这也是最危险的。

刘邦在看到秦始皇威风凛凛的队伍时，发出了一句这样的感慨："嗟乎，大丈夫当如此矣！"既表达了刘邦对秦始皇的羡慕，也暗含了想要建功立业、取而代之的远大志向，同时也不会为自己带来杀身之祸，而这也表现了刘邦富有心机、懂得隐忍的一面。在和项羽争夺天下的过程中，刘邦就是凭着这样的天性，一步步壮大，最终赢得了最后的胜利。

当然，项羽失败的原因有很多，但是不可否认的是，两人的天性差异是导致两人最终不同走向的一大原因。

毛泽东第一次看世界地图

1951年7月，毛泽东同湖南第一师范的老同学周世钊、蒋竹如谈话时，说到1912年19岁时在湖南图书馆自学的经历，坦言当时最大的收获是第一次看到世界地图，知道了世界有多大、中国在哪里，地图上都找不到韶山冲。震撼之余，他感叹广大人民的痛苦生活，内心升起一股巨大的力量，产生了通过革命来改变社会的责任感，从而下定决心：将以一生的力量为痛苦的人民服务，为革命事业奋斗到底。

不禁让人感叹，毛泽东具有天生的大气魄！他将人生追求同全民族、全人类的命运联系在一起，以天下为己任，领导中国人民彻底改变了国家的前途和民族的命运，成为伟大的爱国主义者和民族英雄，成为亿万人民敬仰的一代伟人。

所以我们要承认,人有禀赋的差别,每个人天生的禀赋是不一样的。对于人的天赋,不能强求,不可苛求。

2 后天的努力

孩子们,不要气馁。虽然我们天生的禀赋可能跟别人不一样,这个世界上,像中国历史上那些大英雄一样先天就有大气魄的人很少,大部分人都是像你我这样的普通人。但是我们绝不放弃后天的努力。我们不断地成长、突破,照样可以有成就。这就是我讲的影响一个人格局大小的第二个因素,一个人后天的努力极为重要。

给孩子讲《大学》

王进喜没进过大学

铁人王进喜是大庆油田石油工人。他是中国石油工人的光辉典范,中国工人阶级的先锋战士,中国共产党人的优秀楷模,中华民族的英雄。他出生在贫苦农民家庭。小时候讨饭、放牛,十五岁开始做苦工,直到解放,一直没有机会上学。

1959年,他作为石油战线的劳动模范到北京参加群英会,看到大街上的公共汽车车顶上背着个大煤气包,他好奇地问别人。别人告诉他,因为没有汽油,只能烧煤气。这话像锥子一样刺痛了他。王进喜后来说,北京汽车上的煤气包,把他压醒了,真真切切地感到国家的压力、民族的压力,呼地一下子都落到了自己肩上!他曾多次向工友们说,一个人没有血液,心脏就停止跳动。工业没有石油,天上飞的、地上跑的、海上行的,都要瘫痪。没有石油,国家有压力,我们要自觉地替国家承担这个压力,这是我们石油工人的责任!

王进喜是吃苦耐劳的实干家,也是科学求实的典范。在科技领域,他以"识字搬山"的意志克服意想不到的困难，刻苦学习，带领工人们以创造性的劳动，创造出一个又一个优异的成绩。当了大队长后，他深感没文化开展工作困难，就拜机关干部为师，抓紧一切机会学文化。经过两年多的时间，铁人已经可以独立地看报纸、读文件、学毛选，甚至可以列出简单的发言提纲了。王进喜学习技术知识始终坚持学以致用。他带领工人们不断地从实际需要出发搞技术革新。

后天的努力成就了王进喜。他为祖国石油工业的发展和社会主义建设立下了不朽的功勋，在创造了巨大物质财富的同时，还给我们留下了宝贵的精神财富——铁人精神。

雷锋没读过大学

雷锋因公殉职的时候才二十二岁。没有人天生就是英雄，雷锋也不例外。1943年到1947年，这短短五年中，他的祖父、父亲、母亲、哥哥都相继悲惨死去，弟弟饿死在家中，年仅七岁的雷锋从此沦为孤儿。现在能看到雷锋留下的日记很有文采，可大家却不知道雷锋为求学没少吃苦，雷锋为了读书一共换了六所学校。在雷锋短暂的一生中，留下了影响了一代又一代中国人的雷锋精神。雷锋精神是为共产主义奋斗的无私奉献的精神，忠于党和人民、舍己为公、大公无私的奉献精神，立足本职、在平凡的工作中创造出不平凡业绩的"螺丝钉精神"，苦干实干、不计报酬、争作贡献的艰苦奋斗精神，归根结底就是全心全意为人民服务的精神。

王进喜、雷锋，他们不是大学毕业，更不是名牌大学毕业生，他们天生的资质只是一个普通人。但是他们把自己的一生融入为人民服务的大潮中，以普通人的身份忘我地奋斗，成就了千古不朽的人生，永载史册。北大清华的学生也好，双一流学校的学生也好，论考试分数，会比王进喜、雷锋要高得多，但是在中国历史和人类历史上的地位、影响和作用，恐怕远远没有办法和王进喜、雷锋同志比较。所以我们在天赋上不苛求，但后天上必须努力。

青年郭继承的逆袭

1991年我考高中,当时我的成绩是怎么样的?我的初中学校是在山东聊城莘县徐庄乡中学,当时我没资格参加县里一中的考试。老师怕我考不上,降低学校的升学率,所以根本不让我考一中,我只能考二中。考完之后我骑着自行车去看榜。大红纸写的榜,很多张,大约两百多学生,我开始从头一个一个地看,看到一多半都找不到我自己的名字。心里很沮丧,我是不是没考上啊?就从围着的同学前面退回来,心想从后边往前看一看吧,结果看了那么两三名就找到了我的名字。什么意思?就是考上了,但是名次很靠后,倒数。

我当时的成绩就这么差。但是后来呢,我在莘县二中读书三年,三年后毕业,我考到了聊城师范学院,即现在的聊城大学,是莘县二中唯一一个本科生。我在聊城师范学院政治系读本科四年,考上首都师范大学硕士读了三年,又考上北京师范大学哲学与社会学院读了三年博士,又到西北大学中国思想文化研究所读博士后,后来到了中国政法大学工作。这是我受教育的经历。我想告诉大家，我小时候的成绩实际上连中等都算不上，但是通过后天的努力，一步一步学习，取得了一点成绩。所以，人人都能学得很好，人人都能精彩，都能卓越。

3

阅读的内容

一个人的格局大小和什么有关呢？和阅读的内容有关。朋友们，如果你读的书都是花前月下、卿卿我我，当然这些书在陶冶你的情趣方面也并不是一无是处，可是一味沉浸在男男女女一个一个爱恨情仇的小故事中，你的格局将很难拓展。只是感受一点所谓的人生悲欢离合，会搞得自己心情起伏、很难受。为什么？因为没有大的格局。

以前有个年轻的小伙子告诉我，他喜欢林黛玉。《红楼梦》是伟大的，但我们要提炼的是它的智慧，而不是

给孩子讲《大学》

像林黛玉那样经常咀嚼身边的小悲欢,而且把这种小悲欢当作自己的整个世界。我们看毛泽东的诗。他在诗中说自己有时候也会突然之间冒出一些小情绪——"无端散出一天愁",但是面对这种小情绪,他的态度是——"幸被东风吹万里",东风一来,小情绪都没了,所以他感叹——"丈夫何事足萦怀",意思是说大丈夫没有什么放不下的,"要将宇宙看稊米",要把整个世界看成一粒米。这样的格局,一下子就大了起来。

所以习近平总书记强调,要用有筋骨、有道德、有温度的作品,鼓舞人们在黑暗面前不气馁、在困难面前不低头,用理性之光、正义之光、善良之光照亮生活。

阅读经典滋养我们的人生

中华优秀传统文化是中华民族的精神命脉。我们之所以是中国人,是因为中华文化滋养出了我们的一颗中国心。只有中华文化,才能滋养出有别于美国人、印度人、阿拉伯人的中国人，因为我们的价值观、思维方式等这些心灵层面的东西与其他国家不同。所以我经常说，爱国主义教育不要喊口号，而要让每一个孩子学习中华文化，感受中华文化之大美与大用，自然会生发起对祖国和民族的认同。因此，我主张一定要多读好书，多读传世的经典。

朋友们，经典几百年甚至上千年才出一本，提炼了人类智慧的精华和集萃，是人类最好的书，可以滋养我们的人生。大家的时间都很有限，所以要读就读经典。一切的智慧，都是经过历史的检验的。《论语》《道德经》《大学》《中庸》《黄帝内经》《六祖坛经》等，都是几百年甚至上千年才出一本的经典。一本经里载的是什么？是道，是大智慧。当我们读经的时候，有了大智慧，有了看待事物圆融中道的标准和态度，再读历史，品评历史事件的成败、得失、前因、后果，才不至于有失偏颇。

有人感觉这样的书太难了，读不懂。这很正常。因为经典毕竟包含了上千年的大智慧，如果你一读就懂，那说明你是一个很难得的人才。如果读不懂，可以找人帮着读,请能读懂的人给你一个台阶,站在别人的肩膀上更容易领会其中的大智慧。

经典不能禁锢我们的人生

但要注意,读经典是为了助力我们的人生,促进我们的人生,成就我们的人生,而不是禁锢我们的人生。经典如果把人给束缚住,就发挥不了作用了,违背了经典存在的意义和价值。这一点请一定注意。所以在解读经典方面,我跟别人不一样。我不是让人跪拜在经典面前,受经典的束缚和禁锢。我坚决反对这样做。

我主张所有的经典都是为中华民族国运的昌盛,为我们社会的美好,为我们人生的幸福服务。所以中华民族的伟大复兴需要什么,伟大的时代潮流需要什么,中国14亿人的福祉需要什么,青少年全面的发展、健康的成长、幸福的人生、波澜壮阔的未来需要什么,我解读经典的时候就解读什么。我觉得这样才能彰显经典的意义。

以人间模范为师，开启人生的力量

我们不仅要阅读传世经典，还要以经典中的人间模范为师，开启人生的力量。2012年我申报副教授。那一年我的条件也不错，但是没有被评上，曾经难受了很长时间。就在这时，我读了司马迁写的《孔子世家》。

孔子五十六岁的时候，身兼代理国相——大司寇。当鲁国不能实现他的理想和抱负的时候，他放下了自己高官厚禄的优越生活，去周游列国，十四年颠沛流离，知其不可为而为之，为的是什么？为的是黎民苍生，为的是中华民族的国运，为的是心中照耀千秋的伟大理想。从大司寇这么高的官位辞官下来，他就是一个老百姓，到各国周游的时候，很多人都不接受他。那是背井离乡的十四年，是风雨苍黄的十四年，可就是这十四年成就了千古一圣。两千多年以来，孔子的地位不是任何一个读书人能够比的。

我看了以后，心里特别震撼。我对自己说，郭某人，你竟然为了评不上职称痛苦那么长时间。虽然我不可能像圣人那样，但是我可以学习圣人，为这个国家去打拼，为这个民族去奋斗，不能因为自己没有评上职称就那么痛苦。我的格局太小了。而且能不能当副教授、教授，不影响我为人民服务。为人民服务是没有门槛的，为国家的打拼是没有门槛的。我们每一个人只要初心是正确的，有这份心愿和志气，都可以为人民服务。该做的事情做好了，职称还会评不上吗？那次，司马迁《孔子世家》这部经典给了我内心极大的震撼，困扰我的抑郁一扫而光。

做有文化的人

习近平总书记特别重视中国传统文化。为什么？我再问大家一个问题：中华民族伟大复兴的标志是什么？中华民族屹立在世界民族之林，并得到全世界的敬重，靠几个航空母舰吗？靠军事力量和GDP（国内生产总值）吗？都不是,靠的是文化！美国对全世界的"征服"，表面上看靠的是船坚炮利，但实质上是美国的价值观和理念的输出。所以说，中华民族伟大复兴的标志,除了经济和军事之外，就是文化。支撑中华民族持久发展的动力和智慧之源也是文化。

一个医生，手术刀拿得再好也不代表有文化，那只是技术。上海复旦大学的林森浩就利用自己所学的知识和技术把同学给毒死了，很大的原因就在于他没有文化，他缺少文化浸润背后对人性的敬畏和尊重。文化是养心的，文化是浸润人的心灵之后内心的人文情怀。当医生都能够像孙思邈说的那样，以慈悲之心救含灵之苦，把每一个病人都当作自己的亲人，医患关系就不会那么紧张。一个具有职业精神的人应该做到这一点，这就叫文化。

4

生长的环境

据前苏联的教育专家统计，孩子在成长的过程中，假如影响孩子的因素共有 100 分，学校因素占 20 多分，家庭因素占 60 分以上，此外还包含社会、朋友等因素，但归根结底起作用的是家庭的因素。所以一个人有没有格局，首先要看其父母有没有格局。什么样的家庭就培养出什么样的孩子。

父母的格局

我作为一个大学老师，有一年，教了15周课，最后一堂课答疑的时候，一个学生找到我说："郭老师我听了您15次课，既兴奋又痛苦。您教的这些东西和我父母对我的教育正相反。您告诉我们人要有使命，人这一辈子要与人为善，广结善缘，对社会有责任，成全别人就是成全自己。但是我一打电话说给我父母听，他们就嘲笑我幼稚，说人不为己就是傻瓜。所以我一听您的课就兴奋，一打电话回家就痛苦。"

我跟这个学生讲："不要管你父母怎么说，也不要管我怎么说，你用自己的良心做判断，你觉得是与人为善、广结善缘好，还是什么事都算计、自私好？"他说算计和自私是不对的。我说："那不就得了吗？不管你父母说的还是谁说的，只要是正确的东西我们就都接受。"

很多小孩扭曲的价值观是家长传输的。家长如果天天想的和谈论的都是钱，天天眼里都是利益，都是斤斤计较的算计，孩子在这样的环境里面要成为一个周恩来式的人物，我认为不可能。

毛主席的妈妈

毛泽东在回忆自己的母亲时曾说,世界上有三种人,损人利己的,利己而不损人的,可以损己以利人的,自己的母亲属于第三种人。她学佛,乐善好施,与人为善,仁慈厚道,慷慨大方,随时都愿意接济别人。她同情穷人,荒年里,她常常送米给穷人。

毛泽东深受母亲的影响,自小就乐于助人。十一岁那年,有一天毛泽东在放学回家路上,走着走着天打雷了,要下雨了。毛泽东想起家里的稻谷还在地上晾晒,他马上跑回家,看到妈妈迈着一双小脚在忙着收水稻,免得被大雨淋湿。他赶紧上去帮妈妈的忙。妈妈却一把拉住他,让他去帮邻居家的老婆婆收稻谷。毛泽东说,自己家的稻谷还没收呢。妈妈告诉他,老婆婆家就她一人,如果她的稻谷被雨淋湿了,一年都没有吃的。"咱们家过得比她好,你爸爸还会经商赚钱,我们家吃饭没问题。"毛泽东立即去帮邻居阿婆把稻谷收好,当他回来帮妈妈的时候,大雨已经把自家的稻米淋湿了。

在近代外国人欺负我们中国的时候,毛主席身无分文,却心忧天下,矢志不移带领大众救这个国家。他这种丰功伟绩，除了他个人的天资以外，有没有他妈妈的影响？国之本在家，对孩子一生影响最大的是家庭，是家长、家风和家教。一些家长把孩子送到学校后，觉得一切都是老师的事情了。这是一种推卸责任的想法。家庭对孩子的性格和品德的影响是直接的、巨大的，什么样的家庭出什么样的孩子，家庭成员的思想和道德素质将直接作用于孩子价值观和社会观的形成。

朋友的格局

近朱者赤，近墨者黑。父母有没有格局很重要，朋友有没有格局也很重要。同学们，你们交朋友一定要注意，要看他对老人孝不孝顺，心量大不大，做事情有没有格局。如果一个人不孝顺父母，他连生养自己的人都不尊重、不感恩，你和他交朋友，怎么能指望他会忠诚于你？忠臣必出于孝子之家。如果他心中只算计得失，没理想、没抱负、没担当、没使命、没情怀，那他纯粹是一个狐朋狗友，我们要离他远一点，避免受他的影响。

我们要学毛主席，要交志同道合的朋友，交格局波澜壮阔、能带着你昂扬奋进的朋友，大家在一起互相激励、互相开启、互相支撑，从而互相成就真正雄浑壮阔的人生。

老师的格局

老师有没有格局对孩子的影响非常重要。如果老师眼里边就是评职称，就是为了让学生考上好大学，自己拿奖金，从来都不启发孩子去支撑国运，造福十四亿中国人，那孩子怎么可能有格局？

老师的职业是在心地上种田

有一个官员曾经问我，做一个老师、知识分子有什么意义？我说老师、知识分子干的事，是别人把刀架在脖子上都不后悔的事。什么叫把刀架在脖子上都不后悔的事？你看共产党员夏明翰被国民党抓了以后，国民党的人威胁道："放弃你的信仰，我就不杀你。"夏明翰作了一首大义凛然、气壮山河的战斗诗篇《就义诗》："砍头不要紧，只要主义真。杀了夏明翰，还有后来人！"方志敏同志就义前留下遗言："敌人只能砍下我们的头颅，绝不能动摇我们的信仰！"知识分子的工作就是以最优秀的文化浸润人的心灵，塑造人的心灵世界！而一个人心灵的改变，会让一个人改变一生！大家有没有这样的经历：一个普通的老师，你选了他的课，也许只听了他的几节课，你就有所触动，可能会对你的一生都产生影响。

因此，一个老师的工作其实是在人的心地上种田。老师的话语，能够上通天堂下通地狱。老师讲的东西如果利于世道民心，利国利民，就是在孩子的心田上种了好庄稼，让孩子茁壮成长，那就上去了。老师讲的东西如果是垃圾，对别人成长不利，对国家不利，你必堕下去。所以老师一定要注意通过这个职业造福他人，成就他人更是成就自己。这是教育工作者和文化工作者的责任。

给孩子讲《大学》

社会的风气

所以周边的环境、社会的风气,对我们每一个人有没有格局影响很大。如果整个社会都蝇营狗苟,都是小我,只看重自己的利益得失,就容易把孩子给带坏。如果整个社会都昂扬奋进、积极进取,有拓疆万里的雄心,生机勃勃,会塑造一代又一代人成为大气磅礴、波澜壮阔的人。

警惕流行文化对中国男孩子的引导

我们看看今天的流行文化,很多都是无病呻吟。而这种流行文化,对年轻一代的影响是非常大的。比如,20世纪八九十年代我们听的歌,像"万里长城永不倒,千里黄河水滔滔""我的中国心"之类,歌词都是催人奋进的。可是现在孩子们听的歌,却不乏类似"跟着我左手右手一个慢动作,右手左手慢动作重播""请你拿了我的给我送回来,吃了我的给我吐出来""看见蟑螂我不怕不怕啦"这样的歌词。习近平总书记曾告诫广大文艺工作者,不能沉溺于鲁迅所批评的"不免咀嚼着身边的小小的悲欢,而且就看这小悲欢为全世界"。

当前部分的影视剧作品里给的导向是什么?小男孩翘着兰花指,戴着耳钉,涂着红唇,抹着红粉……不知究竟想把中国的男孩子引向何方。当敌人来临,面对千斤重担,这样的男孩子能成为民族复兴的脊梁吗?任何一个演员或作品的导向,让个别的男孩子有点阴柔气,可以理解,但把整个男孩子群体引向像女人一样的脂粉气,这是对民族精神的极大的不负责任。

士志于道,而不是追求虚荣攀比

孔子还说过:"士志于道,而耻恶衣恶食者,未足与议也。"孔子认为,志士仁人应该志于道,把追求道义当作自己的最高追求,对那些嫌吃得不好,嫌穿得不好的人,没有什么好说的。

我们今天一些人,虚荣攀比,就买手机来说,非得要某个牌子。我的手机是国产品牌的,价格不贵,用得挺好。有的学生家庭不是很富裕,自己不赚钱,拿着父母的钱,非得买某些品牌几千元的手机,何必呢?你不觉得自责吗?有什么用呢?它无非是一个通信工具。它能增加你的内涵吗？它能提升你的智慧吗？它对你的成长有帮助吗？所以，士志于道，而不是追求虚荣攀比。孔子说的这个道，如果要把它说明白，也很复杂，我们可以简单地理解为道义。一个人知道自己对社会、对国家、对人生的意义，知道应该怎么活，就是悟道。

  因此，一个孩子生活在大格局的环境里面，会受到鼓舞；生活在小格局的环境里，也会受到浸染。因此我们一定要营造一个有大格局、大气魄的环境。

第三章

如何开启大格局

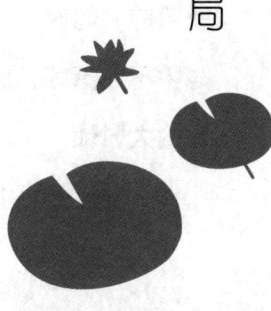

给孩子讲《大学》

> 格局那么重要，怎么开启大的格局？父母、师长要言传身教。孩子要多读好书，从圣贤经典中汲取营养。同时，要学习榜样的力量，还一定要到实践中不断历练，提升自己的格局，配上这个千载难逢的大时代。

1 言传身教

天赋的东西我就不说了，先说第一个，言传身教。我请家长和老师要注意了，要想培养一个大格局的孩子，培养一个大才，一定注意言传身教、率先垂范。

家长的言行

家长们请注意，平时启发孩子的时候，看问题和点评问题，如果能够站在国家、民族的高度，站在 14 亿中国人的福祉的高度，那你给孩子的影响是不一样的。拿"出国留学""考公做官"这两件事举例。

出国留学

20世纪八十年代，不少企业家、官员、明星都把自己成为外国人或让自己的孩子成为外国人。当作很荣耀的事。假如西方国家是两米高，我们是中国一米高，但四十年来，中国这个一米高的孩子已经长到三米八了，而那个当年两米高的西方国家虽然也长了，但远不如中国长得快。可是很多人的心理还停留在八十年代，认为西方是文明的象征、先进的象征。客观地说，中国与西方各有优势，旧的观念应该更新了。全世界最有活力、最有希望、最繁荣、最能代表人类未来的，是中国！

如何看待出国留学的问题呢？假如谁家的孩子出国留学了，你跟自己孩子讨论的时候，就可以说，一个人出国留学去学习天下的东西，非常好。但是以移民为目标，以移民为光荣，是可耻的，也是可怜的，留学的目的应该是回来建设自己伟大的祖国。只有把天下的东西都学来建设自己伟大的祖国，让我们的国家更美好，国力更昌盛，这样才值得尊重，才有意义。这才是一个中华民族的子孙该有的气魄。

考公做官

如果谁家的孩子当官了，家长特别羡慕，经常絮叨，你看人家孩子当官了，人家能够怎么样怎么样，你也要怎么样怎么样。家长格局这么小的话，孩子会有大格局吗？因为你认为当官的目标不是为人民服务，而是挣更多的金钱，甚至灰色收入。这其实是能导致自己家破人亡的一种短视行为，是非常危险的。

有些年轻人的父母，不断给孩子灌输公务员"稳定""轻松""有保障"等思想，不但没有尊重孩子的个人意愿和想法，反而引导了偏颇的思路，给孩子树立了对公务员错误的认识，泯灭了本来的、自我的初心，激发了孩子的功利意识，助长了孩子娇惯、懒散的思想。以此为目标的考生，往往在第一关——"思想关"便止步不前。如果幸运考上了，这一辈子的工作生涯也必定是痛苦的、煎熬的，他甚至可能成为对人民无益、对百姓无恩的人。

老师的言行

老师们请注意，讲课的时候，一定要给孩子正确的导向，每天都要引导孩子胸怀世界、胸怀人民，通过自己的努力为时代作贡献。孩子在这样一个文化氛围里，才能逐渐地开启心胸，树立志向，放大格局，昂扬奋进的人生的精神和态度就建立起来了。

中年郭继承的感悟

孔子有句话叫"人能弘道，非道弘人"。比如佛教的传播。国家图书馆的前馆长任继愈先生认为佛家的智慧最为高妙，但它在印度不也衰落了吗？再有智慧的文化，没有人弘扬，也会断绝。再伟大的文化，没有人护养，也会退出历史舞台。具体到我们国家，每一个老师、知识分子在护养自己的文脉方面都有不可推卸的责任！

我作为一名普通的知识分子，要好好领会孔子的教导，在每一堂课上都力争传播风清气正的好东西，引导年轻人去爱国，去修身齐家治国平天下，完善人格，奉献社会，拥有一个"觉悟人生，奉献人生"。如果我们每一个人，每一个知识分子都引导大家这么做，我相信我们国家的风气会一点一点地往好的方向走，一代又一代人的格局会不断变大，整个中华民族会越来越有希望。

给孩子讲《大学》

2

多读好书

开启大的格局的第二个方法是一定要读好书。人类文化是逐步累积的,历史是逐步累积的,先贤提供的智慧,对人类穿透性的、超越时空的思考,不仅在过去、今天,乃至在无限的将来,都会永远对人类智慧有启迪的作用。孔子"吾十有五而志于学,三十而立,四十而不惑,五十而知天命,六十而耳顺,七十而从心所欲,不逾矩"。周恩来十二岁立志"为中华之崛起而读书",王阳明自小便立下成圣成贤的志向,曾国藩更是以"学做圣人"作为人生目标,开始艰苦卓绝地自我砥砺。这就是抱负！他们的一生注定不会平凡。

读圣贤经典，开大智慧

我们怎么才能开一个大智慧？这个智慧，不论在哪个环境都有效，不论在哪个国家，在哪个行业，以什么身份，都能让自己很周到、很圆融、很从容、很中道，非从圣贤书里面读不可。只有从圣贤书里面，才能读出这个智慧，也就是宇宙人生的大道。道有多重要？孔子的回答就是，"朝闻道，夕死可矣。"庄子讲："吾生也有涯，而知也无涯，以有涯随无涯，殆已。"知识的学习没有尽头，而且经常更新，"其学也无涯，其生也有涯"，一辈子也学不完。当然，人悟道的程度有区别。《金刚经》里有一句话，"一切贤圣，皆以无为法而有差别。"

人这一辈子，一定要读几百年几千年才出一本的书，会终身受益。知识类的东西、谋生的手段也要学，但道更要去学、去悟，因为它关乎我们安身立命的根本。可是遗憾的是，有多少中国人真正读自己文化的经典？犹太人谁不读《旧约》？西方人谁不读《圣经》？阿拉伯人谁不读《古兰经》？我们作为一个中国人，不读自己的四书五经、《老子》《庄子》和佛经，如何算一个真正的中国人？我们中国文化的智慧再大，如果不肖子孙数典忘祖，不去学习，没有情怀，没有担当，没有拓疆万里的雄心，不能以中国文化的智慧为这个世界提供启迪，中国怎么可能有未来？

我们的国民教育一定要通过主渠道，从小学、中学、大学，乃至研究生教育，把数千年以来古圣先贤的大智慧，分门别类地告诉中华民族的子孙。一定要把学习、传播古圣先贤的大智慧，当作自觉的使命。

读英雄传记，启迪人生

读毛主席传记、周恩来传记，读历史上大英雄波澜壮阔的传记，和读花前月下的小情小调，对人生的启迪是不一样的。花前月下的内容可以读一点，但不要多，因为这种书只会让你的格局变小。

你要读龚自珍,"我劝天公重抖擞,不拘一格降人才";读林则徐,"苟利国家生死以,岂因祸福避趋之";读谭嗣同,"我自横刀向天笑,去留肝胆两昆仑"。谭先生本可以逃走的,船票都买好了,从天津到日本。但他选择了在家等着,不畏生死。女中豪杰秋瑾,"拼得十万头颅血,需把乾坤力挽回";周恩来,"为中华之崛起而读书"。这些是什么精神?就是中国文化所倡导的、孔子所倡导的"杀身成仁,舍生取义",为了国家,可以置生死于度外。没有这种精神,中国早就亡国了。

还有毛泽东,他身为国家主席,家境也不错,为什么把亲人安排上战场?因为"身无分文,心忧天下"的大丈夫气概!如果文化都是"商女不知亡国恨,隔江犹唱后庭花",个个都是"唧唧歪歪",都是"你侬我侬",这个国家早就完蛋了。

文天祥"留取丹心照汗青"

我读文天祥的书,特别感慨。文天祥是江西吉安人,出生于大地主家庭,生活富裕。他完全可以过一种无忧无虑公子哥的生活,可是他却成了中国思想史上振聋发聩的大丈夫。对于这种人生转变，文天祥在《过零丁洋》里有清晰的说明："辛苦遭逢起一经，干戈寥落四周星。山河破碎风飘絮，身世浮沉雨打萍。惶恐滩头说惶恐，零丁洋里叹零丁。人生自古谁无死，留取丹心照汗青。"

文天祥读了圣贤书，明白孔子所讲的"鸟兽不可与同群，吾非斯人之徒与而谁与。"一个人一辈子一定要肝脑涂地地为国家服务、为大众服务，否则与鸟兽何异？有了这样的体悟，文天祥操劳一生、辛苦一生，为国家打拼。可惜的是，他生逢一个山河破碎的时代，为了恢复故国家园，四处奔波奋战，那种惶恐之心跃然纸上。可是他没有任何的后悔，最终活出的是"人生自古谁无死，留取丹心照汗青"。文天祥的这种精神，成为中华民族精神的重要组成部分，激励了一代又一代的中国人，为了国家的利益，不惮于前驱。

"人材之成出于学"，所以一定要读书。"书到用时方恨少"，上学期间，如果不读几本让你终身受用的书，会后悔的。所以要读传世的经典，要跟着有格局、有气象的老师学习。你跟着谁学，就容易有谁的味道，有谁的痕迹。跟着我学，那肯定就有我本人的性格、格局，本人的气象、精气神儿。

  一个国家输就输在青少年，输就输在未来，因为青少年代表未来。怎么样让国家更美好，让人民更幸福，让国运可持续发展，是我作为一个中国知识分子应有的责任。我希望能帮助你们自觉不自觉地为天下人着想，为中华民族的未来考虑，为 14 亿中国人打拼。家长朋友们，我们需要这样的孩子。这样的孩子对家庭好，对个人好，对国家好，对人类社会好。

3

见贤思齐

开启大格局的第三个方法是，一定要学习榜样的力量。朋友们，人世间有很多值得学习的榜样。我讲几个时代楷模的例子。

雷锋

雷锋只活了短短二十二年，但是他把小我的一滴水融入了为人民服务的大海中间。他有一句话，"人的生命是有限的，可是为人民服务是无限的，我要把有限的生命投入到无限的为人民服务之中去。"雷锋得到了永恒。他虽然年纪轻轻就去世了，可是我们年年学他，全世界的人都在学他，这就叫永恒。

焦裕禄

焦裕禄在河南兰考，其实只待了不到两年的时间，但是他书写了一个千古传奇。他在兰考担任县委书记时所表现出来的"亲民爱民、艰苦奋斗、科学求实、迎难而上、无私奉献"的精神，被誉为"焦裕禄精神"。有一个企业家去兰考学习考察，看到焦裕禄的事迹后，掉了眼泪，他说，焦裕禄是把全部的身心都奉献给兰考的人民了。

邓稼先

邓稼先是中国"两弹一星"学术指导人，我国核武器理论研究工作的奠基者之一。有一次一枚氢弹从天空落下来，没有爆炸。氢弹有强大的核辐射。当时小战士们准备去看它为什么没有爆炸。邓稼先不让他们去，说他们去了以后，既会受到核辐射的伤害，也不知道氢弹没有爆炸的原因。邓稼先自己到了氢弹面前，检查并排除了故障。回来以后他到医院里面检查，骨髓里边、骨头缝里边全是核污染。后来，邓稼先全身都是癌细胞，临去世之前，他挣扎着去到天安门广场，以毛主席像为背景照了一张相。

张富清

张富清平凡地生活了几十年，直到政府去调查的时候，才发现他原来是 1948 年参加解放军的战斗英雄，在血与火的战争中为中华民族的解放作出了巨大的贡献。他隐姓埋名几十年，当别人问他为什么这样做时，老人家很激动，他说："我那么多战友都死了，我能活下来就已经很幸运了，我还有什么资格躺在所谓的功劳簿上向国家、向人民伸手要荣誉？"

张桂梅

张桂梅校长为了孩子们，累出了一身病痛。她获得了国家荣誉，站在聚光灯下享受鲜花和掌声时，她说学校离不开她，要把领取荣誉的机会让给别人。她仍旧拖着病体，踏踏实实去做对孩子、对教育有利的事情。她是我们的楷模。

4 付诸实践

开启大的格局第四个方法是，在实践中打开格局。有的人天生格局小，但是在实践中就能慢慢打开。在实践中打开格局的方法，最行之有效的是佛法中的"六波罗蜜"，也叫"六度"。六度就是布施、持戒、忍辱、精进、禅定、般若，是非常好的提升格局的实践方法。德行和人格的历练一定是在奉献社会的过程中完成的，不奉献社会则发现不了自己的弱点。任何一个觉悟者，都是在为社会做事的过程中不断净化心灵，不断圆满人格。学佛就是人格圆满的过程，同样，即使不学佛，这些方法也能够让我们的格局得到显著的、迅速的提升。

帮助别人就是帮助自己

比如说布施，看起来是帮助别人，实际上是在完善自己、净化自己。有些大学宿舍里需要打热水，同学们之间互相轮班，你一天我一天。有人打了几个星期之后打不下去了。自己给别人打水，奉献一点力气和时间都不情愿，打一点水，唯恐吃亏，这种人还能有什么大的成就？有的学生很聪明，懂得了做题方法，但不愿和别人分享，唯恐别人知道了这道题的方法而超过自己。这都是自私！一个胸怀真正宽广的人，己欲立而立人，己欲达而达人。不仅希望自己成就，也希望更多的人成就。这是个慢慢训练和提升的过程。

我开始时捐一点钱，捐个几百块钱，心里都有挂碍，仿佛自己捐钱了，就有了什么功德。后来慢慢地，再去做布施的时候，做了后都不记得了，说明我的格局在不知不觉中放大了。一句话,布施能去掉人的贪心和自私。

君子求诸己,小人求诸人

什么是忍辱?忍辱是解决人的嗔心。听到一句不爱听的话就感觉自己被冒犯了,就生气了;心里不喜欢,就以怨色示人。这种心胸狭隘的人,会有多大的成就?忍辱,就是无论面对让自己多难受的事情,肚量都能像大海和虚空一样,无所挂碍。拿着火把烧虚空,烧得着吗?烧不着。

同学们,面对别人批评的时候,你是不是特别难受?但是子曰"君子求诸己,小人求诸人",我们在生活和工作中,一定要记住,遇到问题多自我反省。以我自己为例,我也一样,都有个过程。有人批评我,开始我也难受的。后来我学着有则改之,无则加勉。只要批评得对,不管是孩子批评我,家长批评我,还是专家批评我,我都虚心接受。慢慢的,这个心量就放大啦。

当然有的人无缘无故地批评你,你不要理会,你要笃定你的初心，正确的事一定要坚持。一个人只有在实践中才能不断地开拓心胸，提升自己，打开自己，格局才能不断地提高。

君子和而不同

孔子还有一句话，叫"君子和而不同，小人同而不和"。这句话对我们做人有什么启发？我们生活在一个多元时代里，不同人的思维方式、价值观、生活方式都不一样，怎么办？社会上经常有很多冲突发生，观点的冲突、生活方式的冲突、思维方式的冲突，还出现了路怒族，动不动就发脾气，各种暴怒、戾气非常常见。

面对这些冲突，孔子的态度是"君子和而不同"，当我们遇到不同观点的时候，和而不同。这里有两层含义：第一层，面对不同的看法，要互相尊重。我们对问题，对生活方方面面有不同的理解，这个社会是多元化的，只要不违背法律，不违背社会的公序良俗，每个人都有自己选择生活方式的权利，应互相尊重。可是，光尊重还不够，要学习到第二层含义——学习。比如，我们在讨论问题的时候，你和我观点不一样，首先我尊重你，我捍卫你说话的自由和权利。可是还不够，我要倾听，你为什么跟我不一样，你有哪些智慧，我一定要向你学习。我学习了你的智慧，再加上我原来已经有的看法，去生成、创造，达到更高的境界，那个境界就是和，这就是和而不同。

成功就是服务大众

读了很多儒释道经典之后，我受到了很大启发，知道了什么叫成功。成功不是当官发财，不是名声有多大，成功是在实践中为大众服务。为大众服务的越多，你得到的就越多。一个人的成功取决于为多少人服务。难免有些人把我们党"全心全意为人民服务"的宗旨当作套话，那就错了，为人民服务是彻彻底底的真理——这辈子服务多少人，就有多成功。

朋友们想一想，你如果能给一个村里的人服务，你可以当村长；你如果能给省里的人服务，那你就是省里了不起的人；如果你能给国家服务，你就是国家重要的人物；如果你愿意为宇宙里的所有众生服务，你已经具备成佛作祖的资格了。有的人只想着自己，谁都不想服务，那活在世界上的价值何在？

结语

大时代需要大格局

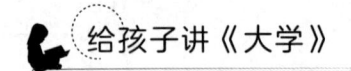

结语

大时代需要大格局

今天，我们生活在一个千载难逢的时代，中华民族正在走向伟大的复兴。今天的时代是汉唐不能够比的，因为汉朝和唐朝的对手是落后的匈奴和突厥等，他们本来就不如中原地区的政权强大。而当今，我们面对的对手是数百年以来一直走在人类文明前沿的欧美。我们要学习它们，还要超过它们，这在中国历史上是从来没有过的。

在人类历史上，很多时期都充满血腥、战乱、冲突、颠沛流离和苦不堪言。而今天，我们国运隆盛、和平安宁，不再被人欺负。我们要学习强大的欧美，要创造中华民族的辉煌，成为人类文明的典范。这是一个多么雄伟的目标啊。只有胸怀祖国，放眼世界，创造波澜壮阔的人生，才配得上这个千载难逢的伟大时代。

所以同学们，现在经济条件好了，很多小孩衣来伸手，饭来张口，想吃什么美食就吃，想用什么文具就买，有的还没有结婚，房子都买好了。这些是好事，也是坏事。在物质比较富裕的环境里边，精神绝对不可萎靡。切不可"暖风熏得游人醉"，更不可玩物丧志，悠悠放任自己。物质条件好，精神境界要更加强大壮阔。

希望同学们时时提醒自己，我们是中华民族的子孙，生活在一个伟大的时代，要担负起国运隆盛、为人民谋福祉的时代责任。要反思自己的缺点，倾听批评，勇于改进。要读千古传奇之书，从古圣先贤的智慧里边汲取营养、滋养人生。要团结志同道合的朋友，互相激励，互相成就，共同奋斗，在伟大的时代里，成就伟大的人生。

附

《礼记·大学》译文

给孩子讲《大学》

《大学》的宗旨,是圣人之道,在于弘扬高尚的德行,在于关爱人民,在于达到至善的境界。目标确定后方能心地宁静,心地宁静方能安稳不乱,安稳不乱方能思虑周详,思虑周详方能达到至善。任何事物都有根本有末节,任何事情都有终端有始端,知道了它们的先后次序,就离大学之道不远了。

在古代,想要将高尚的德行弘扬于天下的人,必须先治理好自己的国家;想要治理好自己国家的人,必须先让自己的家族和谐;想要让自己家族和谐的人,必须先修养好自身的品德;想要修养好自身品德的人,必须先端正自己的内心;想要让内心端正的人,必须先使自己的意念真诚;想要让自己的意念真诚的人,必须先有

《礼记·大学》译文

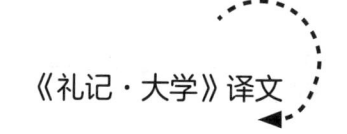

正确的认知；正确的认知来源于探究事理。探究事理后才能获得正确认知，认知正确后才能意念真诚，意念真诚后才能端正内心，内心端正后才能修养好品德，品德修养好后才能让家族和谐，家族调整好后才能治理好国家，国家治理好后才能使天下太平。

从天子到普通百姓，都要把修养品德作为人生的根本。人的根本败坏了，末节想要调理好，这是不可能的。一个人对身边的事物，该重视的没有重视，不该重视的却重视，如此本末倒置却想做好事情，还未曾有过。这就叫知道了根本，这就是认知的最高境界。

所谓意念真诚，就是不要自己欺骗自己。就像厌恶难闻的气味，喜爱好看的女子，厌恶就是厌恶，喜欢就是喜欢，这就能心安理得。所以君子在独处时一定要慎重。小人在家闲居时什么坏事都可以做出来。当他们看到君子后，才会遮掩躲闪，藏匿他们的不良行为，表面

给孩子讲《大学》

上装作善良恭顺。别人看到你，就像能看到你的五脏六腑那样透彻，装模作样会有什么好处呢？这就是所谓的内心什么样，外表就会什么样。因此，君子在独处的时候一定要慎重。曾子说："众目睽睽，千夫所指，如此严密，个人的一言一行根本无法藏匿隐瞒！"富能使房屋华丽，德能使人品德高尚，心胸宽广则体态安适，所以，君子一定要意念真诚。

《诗经》说："看那弯弯的淇水边，绿竹苍郁。一位高雅的君子，他的治学修德，像切磋骨器、琢磨玉器那样精益求精。他的仪容举止，庄重威严，光明显耀。这样一位高雅的君子啊，令人难以忘记！"所谓"像切磋骨器"，是说治学之道；所谓"像琢磨玉器"，是说自身的品德修养。所谓"庄重威严"，是说君子谦逊谨慎；所谓"光明显耀"，是说君子仪表威严。"那高雅的君子啊，令人难以忘记"，是说君子的品德完美，达到了至善的最高境界，百姓自然不会忘记他。

《诗经》说："哎呀，前代的贤王不会被人忘记。"

《礼记·大学》译文

后世君子，尊前代贤王之所尊，亲前代贤王之所亲，后代百姓能够从中享安乐，获收益，因此前代贤王终身不会被人遗忘。

《尚书·周书》中的《康诰》篇说："能够弘扬美德。"《尚书·商书》中的《大甲》篇说："顾念上天赐予的光辉使命。"《尚书·虞书》中《帝典》篇中说："务必光明伟大的德行。"这些都是说要光明自己的德行。

商汤的《盘铭》说："每天都要革新自己的心性，日复一日，永不间断。"《康诰》篇说："要做跟上时代发展的人。"《诗经》说："周朝虽是旧国，但文王能够时刻自新。"因此，君子时时都要追求至善的境界。

《诗经》说："国家的千里疆土，是老百姓居住的地方。"《诗经》说："唧啾鸣叫的黄莺，也知道栖息在树木茂盛的山丘上。"孔子说："黄莺都知道自己应该栖息的地方，难道人反而不如鸟吗？"《诗经》说："仪态端庄美好的文王啊，他德行高尚，使人无不仰慕。"身为国君，当努力施仁政；身为下臣，当尊敬君主；身为人之子，当孝顺父母；身为人之父，当慈爱为怀；与国人交往，应当守信用。

孔子说:"审断判案,我并不比他人高明,但我力争使争讼根本就不发生。"圣人能够使隐瞒实情的人不敢说谎,使人心畏服,这就叫作抓住了根本。

如要修养好品德,则先要端正自己的心。心中愤愤不平,则得不到端正;心中恐惧不安,则得不到端正;心里有偏好,则得不到端正;心里有忧患,则得不到端正。一旦心不在焉,就是看了,却什么也看不到;听了,却什么也听不到;吃了,却辨别不出味道。所以说,修养品德关键在端正心意。

为什么说想要家族和谐,需要先修养好自己的品德呢?因为一个人,往往对他所亲近喜爱的人认知有所偏颇;对他所轻视讨厌的人认知有所偏颇,对他所畏惧恭敬的人认知有所偏颇,对他所怜惜同情的人认知有所偏颇,对他所傲视怠慢的人认知有所偏颇。所以,喜爱一个人但又能认识到他的缺点,不喜欢一个人但又发现他

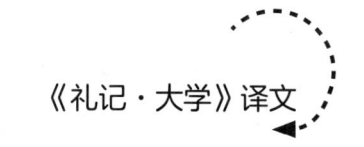

优点的人，也少见。因此有一则谚语说："人看不到自己孩子的过错，察觉不到自己的庄稼好。"这就是不修养好品德，就不能让家族和谐的道理。

要治理好国家，必须先要让自己的家族和谐，因为不能教育好自己家族的人，反而能教育好一国之民，这是从来没有的事情。所以，一个德高望重的君子，即便不出家门，他的高尚道德也会影响到整个国家。孝顺，是侍奉君主的原则。尊兄，是侍奉长官的原则。仁慈，是管理民众的原则。《康诰》说："像爱护婴儿那样爱护民众。"诚心诚意去爱护，即便不合乎婴儿的心意，也相差不远。不曾有过先学养育孩子再出嫁的人呀！

国君一家仁爱相亲，一国就会崇尚仁义；国君一家和谐礼让，一国就会崇尚谦让；国君一人贪婪暴戾，一国就会发生混乱——国君的所作所为竟是如此重要。这就叫作一句话可以败坏整个事业，一个人可以决定整个国家。尧、舜用仁政统治天下，百姓就跟从他们实施仁爱。桀、纣用暴政统治天下，百姓就跟从他们残暴不仁。

他们命令大家做的，与他自己所喜爱的相反，百姓不会服从。因此，君子要求自己具有品德后再要求他人，自己先不做坏事，然后再要求他人不做。自己做不到"己所不欲，勿施于人"，却要求别人做到，这是不可能的事情。因此，国家的治理，在于先让家族和谐。

《诗经》说："桃花绚烂，枝繁叶茂。姑娘出嫁，合家欢快。"只有家庭相亲和睦后，才能够调教一国之民。《诗经》说："尊兄爱弟。"兄弟相处和睦后，才可以调教一国之民。《诗经》说："容貌庄重严肃，举止不出差错，才能成为四方国家的表率。"父子兄弟都能修习正道，四方百姓就能行正道。这就叫作要治理国家首先要让自己的家族和谐。

要平定天下，先要治理好自己的国家。因为居上位的人敬重老人，百姓就会敬重老人；居上位的人敬重兄长，百姓就会敬重兄长；居上位的人怜爱孤小，百姓就不会不讲信义。所以，君子的言行具有模范作用。厌恶上级的所作所为，就不要用同样的做法对待下级；厌恶

《礼记·大学》译文

下级的所作所为，就不要用同样的做法对待上级；厌恶前人的所作所为，就不要用同样的做法对待后人；厌恶在我之后的人的所作所为，就不要用同样的做法对待在我之前的人；厌恶在我右边的人的所作所为，就不要用同样的方法与我左侧的人交往；厌恶在我左边的人的所作所为，就不要用同样的方法与我右侧的人交往。这就是所说的模范作用。

《诗经》上说："和乐的君子啊，就像老百姓的父母一样。"百姓喜爱的他就喜爱，百姓厌恶的他就厌恶，这就是所说的百姓的父母。《诗经》上说："高高的南山啊，重峦叠嶂。权势赫赫的太师史尹啊，众人都在看着你们呢。"统治国家的人不能不谨慎，出了差错就可能会被天下人推翻。《诗经》上说："殷朝没有丧失民心之前，能够与上天的意旨相配合。应以殷朝的覆亡为鉴，天命得来不易啊。"这就是说得到民众的拥护，就会得到国家；失去民众的拥护，就会失去国家。

所以，君子应该谨慎地修养德行。具备了德行才能获得民众，有了民众才会有国土，有了国土才会有财富，有了财富才能享用。德行为根本，财富为末端。如若本末倒置，民众就会互相争斗、抢夺。因此，财富聚集在国君手中，就会使百姓离心离德，财富散发给百姓，就会得到百姓的拥护。所以你不好好跟人说话，别人也会同样不客气地回敬你；用不正当的方法获取的财富，也会被人用不正当的方法夺走。

《康诰》说："天命不是始终如一的。"德行好就会得到天命，德行不好就会失掉天命。《楚书》说："楚国没有什么可以当作珍宝的，只是把有德行的人当作珍宝。"舅犯说："流亡的人没有什么可以当作珍宝的，只是把挚爱的亲人当作珍宝。"

《秦誓》说："如果有这样一个大臣，他虽没有什么才能，但心地诚实宽大，能够容纳他人。别人有才能，如同他自己有一样；别人有德行，他诚心诚意地喜欢，不只是口头上说说而已。能够留用这人，便能够保护我的子孙百姓。这对百姓是多么有利啊。如果别人有

《礼记·大学》译文

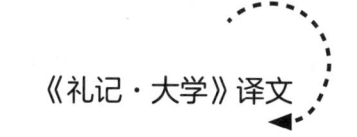

才能,就嫉妒厌恶;别人有德行,就阻拦他施展才干。不能留用这样的人,他不能保护我的子孙百姓,这种人也实在是危险啊。"

有仁德的人能把这种嫉妒贤人的人流放,驱逐到边远地区,使他们不能留在国家的中心地区。只有那些真正有仁德的人能够爱人,能够恨人。看到贤人而不举荐,举荐了而不能重用,这是怠慢。看到不好的人却不能罢免,罢免了却不远离,这是过错。喜欢人所厌恶的,厌恶人所喜欢的,这是违背了人的本性,灾害必然会降临到他的身上。因此,君子要有正确的做事原则,一定要忠诚信义才能够得到正道,骄奢放纵便会失去正道。

发财致富有这样一条原则:生产财富的人要多,消耗财富的人要少;干得要快,用得要慢,这样就可以永远保持富足了。有德行的人会舍财修身,没有德行的人会舍身求财。没有居上位的人喜爱仁慈而居下位的人不喜爱忠义的,没有喜爱忠义而完不成自己事业的,没有国库里的财富最终不归属于国君的。

　　孟献子说:"拥有一车四马的人,不应计较一鸡一猪的财物;伐冰的卿大夫家不饲养牛羊;拥有马车百辆的人家,不豢养收敛财富的家臣。与其有聚敛民财的家臣,还不如有盗贼式的家臣。"这是说,国家不应把财物当作目标,而应以仁义为导向。掌管国家大事的人只致力于财富的聚敛,这一定是来自小人的主张。假如认为这种做法是好的,小人被用来为国家服务,那么灾害就会一起来到,纵使有贤臣,也无济于事啊!这就是说国家不要把财利当作目标,而应以仁义为导向。